JN252270

温孔知心

～孔子の心、経営の鏡～

史　文珍　著
汪　宇　　訳

日本僑報社

目次

まえがき …… 11
序章 …… 13
問題解決と孔子思想 …… 13
問題の定義はあいまいである 14
孔子思想は一つの問題解決システムである 18
革新的な視点で『論語』を読む 20
問題意識と孔子的問題意識構造 …… 22
問題意識は人生を決める 23
孔子思想は問題意識をはかる温度計 26
孔子的問題意識構造の構成要素 29

第1章 志 目標に関する問題意識 33

志　ビジネスチャンスは目標から生まれる 35
改善型目標 37
創造型目標 40
志事の目標 42
義　社会のニーズを満たすこと 44
仕事やビジネスの目的とは何か 45
目的は階段がある 47
目標と目的の違い 48
義（目的）は志（目標）の方向である 51
道　問題をたえず解決する 54
道を追求する方法 55

中庸　問題解決の最適化及びその結果……58
千年間誤解され続けた中庸　59
中庸の本質とは何か　60
中庸と道の関係　64

第2章 仁 個人の社会責任に関する問題意識……67
仁の定義は千年の謎　67
仁とは個人の社会責任　68
孝　親孝行は社会に対する責任……76
忠　給料に対する責任……77
忠を実行する行動　79
信　自分が言ったことに責任を持つ……82
信の構造　82

信頼できる者は儲ける 86
信の先決条件 89
礼　責任をこめる言動……91
礼と社会問題のつながり 92
礼の本質は社会責任 94
メンツと礼の区別 95
礼儀は責任を表す 97
礼を実行する方法 99
過　正しい問題解決方法を見つけるチャンス……102
敏　問題解決のタイミング……108
恵　問題解決の結果は皆に利益をもたらす……109
寛　部下のミスに自分の責任があるか……110

出世の前提は社会責任を持っている人間になること　112
仁者になる促進方法　114

第3章 知 知識及び知恵における問題意識……117

知　問題を解決する情報・知識・知恵……117
視点を決めるのは情報・知識　120
情報・知識がなければ、問題意識がない　123
学　情報収集及び知識獲得の7W1H……127
目的（why）　128
学習の対象（whom）と内容（what）　129
時間（when）と場所（where）　131
方法（how）　132
主体（who）　134

障壁（wall） 135
知恵　問題解決の極意 139
知恵1　客観事実の重要視 139
神秘的な「運」とは 141
占いの真相 142
知恵2　人間を理解・了解する 146
知恵3　自分がコントロールできる領域に力を入れる 149
文句を言うより、自分の能力を向上させる 150
知らないことはコントロールできない 152
4つの学習タイプからみた知恵 153
智慧4　フィードバックする 154
智慧5　タイミングの把握 157

第4章 時 時間に関する問題意識……159

過去　過去を利活用するか、過去にこだわるか……160
温故知新は身の回りから始まる　161
歴史に学ぶ　163
過去のデメリット　164
周期　量から質への変化時期……165
タイミング　問題が存在している期間……167
タイミングはどこに存在しているか　168
タイミングと「運」の違い　174
現在　時間を重視する……175
遅延　焦燥がここから生まれる……177
未来　目標を追求した結果……179

持続　成功は持続次第 …… 181

第5章 名 立場における問題意識 …… 185

名　自分に影響を及ぼす見えない壁 …… 187
脳科学からみた自分の壁　189
見えない壁の影響要素　191
壁を超える方法　192
恕　思いやりは双方向 …… 198
思いやりの実施方法　202
邦　無視されやすい立場 …… 206
天下　Ｗｉｎ―Ｗｉｎから「四方良し」への世界の立場 …… 209
あとがき …… 213

まえがき

日進月歩の勢いで発展する科学技術が人類の想像力の限界を次から次へと突破していく時代において、われわれは、今までなかった便利かつ豊富な物質生活を享受するのと同時に、科学技術の負の部分が起こしているさまざまな社会問題に直面しています。工業化による環境汚染、原発の放射能汚染の問題、地球温暖化、高齢化社会の問題、人間性の疎外、価値観の失落等の様々な問題が存在していますが、その解決の鍵は科学技術に代表される客観的、数理的、理性的な人間の「理」の側面の追及だけでなく、問題の後ろに隠れている主観的、感性的、意識的、感情的な人間性、すなわち人間の「情」の側面を追及することにこそ存在すると言えるでしょう。

「情」の側面の人間性といえば、その中心となるのは人間の「心」です。人間の「心」により、この曖昧な世界をどのように解釈するかは異なりますし、その解釈の仕方により、人間の生き方、価値観等もさまざまに異なってきます。ただ、現代社会においては各個人の生き方や価値観の過度の多様化が混乱を招いている側面は否定できません。ですから、ある程度の模範的な価値観が人間の生き方や考え方の基盤となる意識構造を規定するものさしとして存在する必要があるでしょう。

人間の標準的な意識構造と理想的な生き方について思索した孔子は、模範的な人間像である君子を提唱しながら、君子になるための、現実社会で実行可能な方法を簡潔に述べました。孔子の教えや教訓等が記述されている『論語』は、東洋社会全体に２５００年にわたって影響を及ぼしているロングベストセラーです。ロングベストセラーになる秘訣は、孔子思想自体が問題解決の一つの体系であり、各時代における人間社会の問題を解決するためのガイドブックとして使われているからです。

各時代にはそれぞれ特有の問題及び社会背景がありますから、『論語』を読む視点も異なります。現在、どのように『論語』を読み、孔子の知恵を借り、現今の問題を解決するかという問いに答えるためには、時代を理解しなおし、『論語』をその時代に合わせた新たな視点で読みなおす必要があります。

本書はシステムマネジメント論による問題解決法の視点から２５００年前の経典を改めて読み直し、孔子的アプローチによる問題意識構造により新しい問題解決の方法や知恵を見つけるための「温故知新（おんこちしん）」の試みです。さらに、自分を取り巻く世界のとらえ方、そして人間の生き方に対する問題意識を中心にした人間の「心」を探究することを目的とした試みでもあります。その意味で、本書の試みは「温孔知心（おんこうちしん）」とも言えるでしょう。

序章

問題解決と孔子思想

「問題」とは、日ごろよく遭遇するることばではありますが、できれば遭遇したくないことばでもあります。私たちはさまざまな問題に囲まれているし、いつでもどこでも問題は起こり得ます。

身近な問題を挙げると、食品の安全に関する不祥事がよく起きています。社会福祉関連では、高齢社会における医療・介護等の緊急を要する課題があります。他にも、汚職事件、孤独死等価値観に関わる事件も発生し、特に孤独死事件を通して、現代社会の人間関係の希薄さだけでなく、社会的価値観さえ失われていることを窺い知ることができます。また、汚染問題（工業汚染、核汚染等）もあり、これらの問題すべてが私たちの生活に影響を与えています。

これらの問題を解決するために、さまざまな解決方法が探し求められてきました。しかし、その中には、その場しのぎの対症療法的な方法、「木を見て森を見ず」の近視眼的な方法、あるいは問題が発生してからやっと行動を始めたものの原因も結果も全体的な流れも考慮しないような方法…等があります。こうした方法では私たちの身の回りの問題は解決できません。たとえ今表面化している問題の一部が改善できていても、問題の根本の部分は解決できないのです。

問題の定義はあいまいである

問題がうまく解決できていない原因の一つは、そもそも「問題」とは何であるかということが明確になっていないからです。私たちは「問題」の概念・本質に気づいていないまま日々さまざまな問題を抱えています。辞書には「問題」の定義がいくつも載っているものの、どれもその本質に迫った定義ではありません。学術分野においても、問題の定義に関し、統一した見解がなされていません。

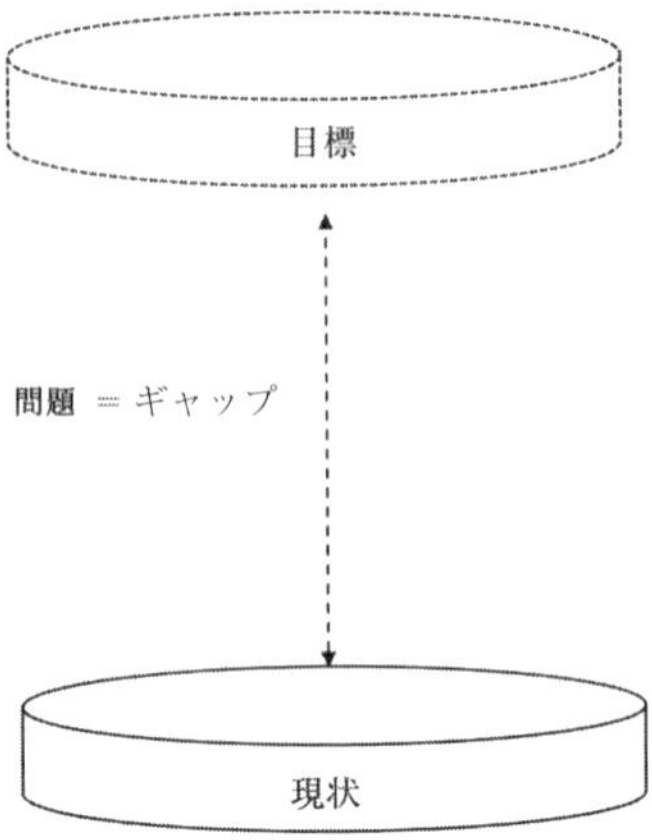

目標

問題 ＝ ギャップ

現状

図１ 問題の概念図

たとえば、経営管理学の領域では、ハーバート・A・サイモンが『意思決定の科学』（1979）の中で提示した問題の概念がよく引用されます。すなわち、「問題は目標（あるべき姿）と現状との間のギャップである」というものです（図1参照）。しかし、サイモンの定義でははっきりしていない点があります。現状や目標とは一体どういう状態なのか、それらは主観的なものか、客観的なものか、あるいは両方を兼ねたものなのか、ということに関して、詳細かつ明確な説明がありません。

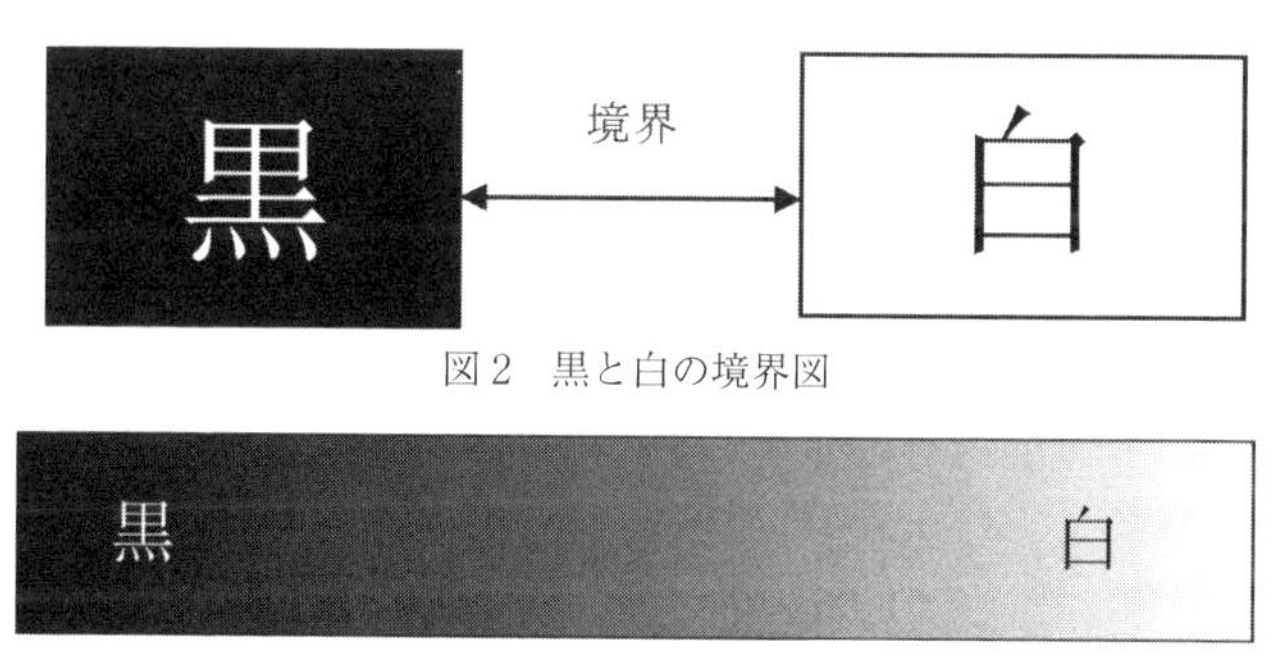

図2　黒と白の境界図

図3　黒と白のあいまいな境界図

実際には「現状」と「目標」は多くの場合不明確で、あいまいであるため、自明な概念ではないのです。

「はっきり分かっている物事の場合でも、あいまいさは存在するのではないか」、と疑問に思うかもしれません。たとえば図2では、白と黒の境界線がはっきりしています。しかし、図3を見ると白と黒の間に互いが混ざった部分、つまりグレーゾーンがあり、白か黒かということは実は判断しにくいところです。要するに真っ白と真っ黒は範囲の限定されたものであり、その間に白黒の区別のつかないあいまいなグレーゾーンがあるといえます。したがって、白と黒の区別は決して明確ではないのです。図3に対し、白に注目する人もいれば、黒に注目する人もいます。また、中間の灰色をそのまま受け入れる人もいるので、見る人によって判断が分かれます。

白と黒が持つあいまいさと同じように、世の中のすべての物事

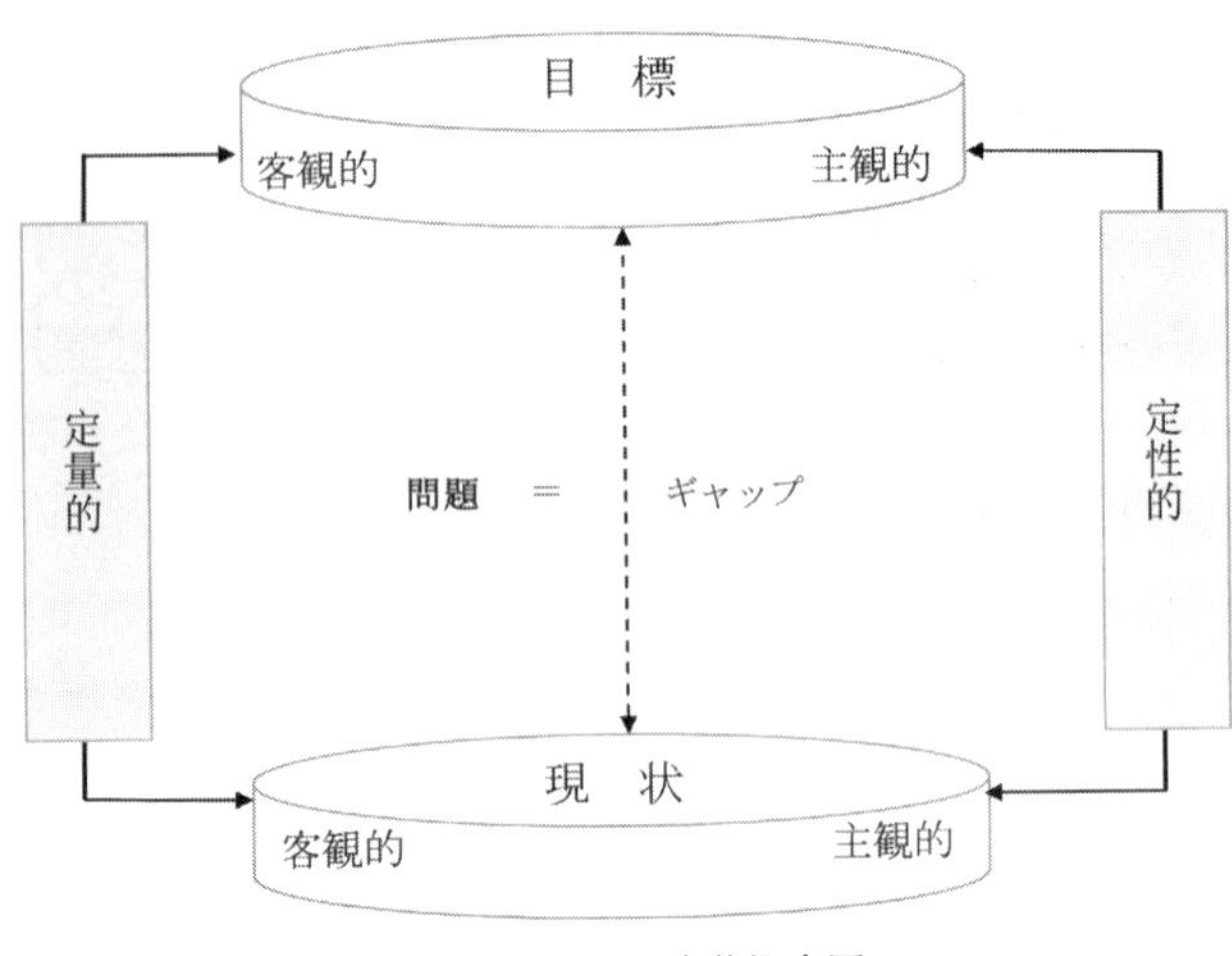

図４　問題の全体概念図

も多かれ少なかれあいまいさをもっています。たとえば昼と夜の間に夜明けと夕方があり、健康と病気の間にいろいろな未病状態があり、幸福な人生と不幸な人生の間には無数の平凡な人生があります。そして私たちの認識における主観と客観という２つの概念もかなりあいまいなものなのです。

サイモンが言っている「現状」と「目標」も実はあいまいなものです。図４のように、「現状」とは客観的な現状と主観的な現状のどちらとしても理解できるし、「目標」も同様に、客観的な目標もあれば主観的な目標もあり、客観と主観を兼ねた目標もあるでしょう。「現状」や「目標」といった概念は客観的な要素と主観的な要素を兼ねているため、それが客観的か主観的かは簡単に断言できません。

ところで、これまで「問題」とされてきた対象は、客観的な要素にかたよっています。たとえば、経済発展の速度、生産効率、売上額やGDPなどです。これらの数値化されやすいデータは把握・評価しやすいという特徴があります。たとえば売上額を目標にした場合現在の売上額と理想的な売上額との間の差額が具体的かつ明確で、売上額の問題を簡単に説明できます。数値化された現状と目標は基準として定めやすく、操作・管理も容易で、成果と失敗が一目瞭然だというメリットがあります。ゆえに、今までの経営学の領域では、客観的な要素を問題にし、それに対する解決方法が多く検討されてきたのです。現状と目標を数値化された客観的な要素とみなしていれば、「問題」とは何であるかということも議論する必要がないかもしれません。

しかし、問題の背後にある「人」という要素を含めて考えれば、たとえ数値化された客観的な目標であっても、人によって理解が異なってくるという事実を認めざるを得なくなるはずです。たとえば、月給100万円を目標にしたとします。この目標の高低はまさに人によって異なります。100万円稼いで非常に満足する人もいれば、それほどでもないと思う人もいるかもしれません。したがって、たとえ100万円のような具体的・客観的な数値であっても、「人」の立場から見れば、主観性という要素を抜きにすることはできないのです。まして私たちが実際に掲げる目標はただの数値とは限りません。たとえばサービスや、生活の質、幸福・自由・快適な生活及び社会などの目標は主観的・抽象的な概念であって、数値では表せないし、そこでもまた「人」の要素が入ります。

これまでの問題解決方法もほとんどの場合客観的で数値化された要素を重視しているため、主観的な要素が加わった多くの問題が解決できないままになっています。そのため、これほど科学技術が発展した今日においても、さまざまな問題が依然存在しているのです。

したがって、よりよい解決方法を探すためには、科学技術だけでなく、問題の背後にある人的・主観的要素を含めた根本的な原因を考えなければなりません。言い換えれば、今まで重視されてきた客観的・合理的な方法とともに、問題の主観的・感性的側面に対する解決方法もきちんと考える必要があるということです。

つまり合理的・客観的・理性的な「理」と人間的・主観的・感性的な「情」を融合した、バランスの取れた新しい問題解決システムが必要とされる時代に入ったのではないでしょうか。

孔子思想は一つの問題解決システムである

「人」の問題の解決方法といえば、中国には優れた伝統と思想があります。先人たちが、何千年も前から、理想的で幸福な人になるために日常生活のさまざまな問題をいかに解決するかについて記述しています。特に人と人の付き合いに重きを置いた孔子の思想は2500年前から今まで広く受け継がれています。孔子の考え方・知恵は中国だけでなく、日本、韓国、ベトナム、シンガポール等の国々にも深い影響をもたらしました。

孔子の思想の影響力が衰（おとろ）えない秘密は、個人や社会の問題解決方法・ツール・手段・システム等とし

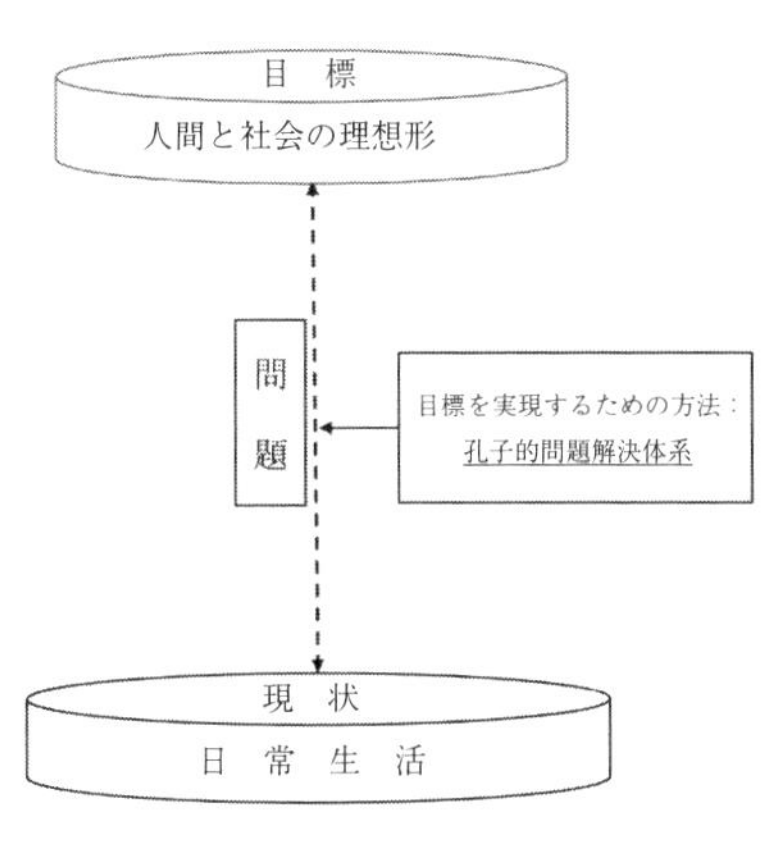

図５　孔子的問題解決体系全体概念図

て使うことができるからです。孔子は、人間の生き方・考え方など、日常生活の各側面に触れながら、人間の理想的な目標である「君子」及び、社会の理想的な目標として「お年寄りから安心され、友人から信頼され、若者から慕われる社会」を掲げ、そのような理想的な目標に達成する方法を提示しています。図５に示したように、問題の定義から見れば、そうした孔子の思想それ自体が一つの問題解決体系あるいはシステムであり、現状と目標の間にある問題を解決する模範（もはん）であるとも言えます。

孔子が考えた方法（問題解決体系あるいはシステム）は道徳・意識・感情の側面だけでなく、実行性・客観性・理性も重んじているので、私たちが確実に実行できる行動の模範であり、決して抽象的で、分かりにくいものではありません。

たとえば、生きがいの実現、人間関係の処理、失敗や挫折への対応などの問題に対し、孔子は責任、道徳、礼儀、信頼、忠実など人間のモラル的な側面を強調すると同時に、日常生活、知識、客観的な規則、効率、効果など実存的な側面も重視しています。孔子の思想は主観と客観、感性と理性のバランスが取れ、全体の「和」を重んじているからこそ、代々受け継がれ、2500年を経ても影響力が衰えないのです。

革新的な視点で『論語』を読む

長年受け継がれてきた孔子思想は主に『論語』に記載されています。『論語』は孔子と弟子の日常会話や行動などを記録したもので、20篇500章から成ります。ところが、今読まれている『論語』は特定の時間の順序や重要性の程度、もしくは分類ごとに並べられたものではなく、歴代の編集者が当時の社会環境・文化背景の中で得た理解によって編集したものです。結果、ごく一部の章を除いて、明確な関連性が見られず、統一したテーマがないとよく言われています。

『論語』の注釈も同様です。注釈は必ずしも孔子の思っていることとは限らず、あくまでも注釈者自身の理解に過ぎません。孔子の思想に対する理解は専門、立場、視点、価値観といった個々人の資質や時代背景にも深く影響されています。時代によって、『論語』への理解は異なり、当時の社会のニーズによって解釈されています。時代の流れの中で、儒教が国の宗教だと拝められたこともあり、邪教として批判されたこともあります。それらはその時代の解釈であり、決して孔子が思っている意味ではありませんが、私たちの『論語』理解は朱子をはじめとする過去の注釈者に強く影響されています。

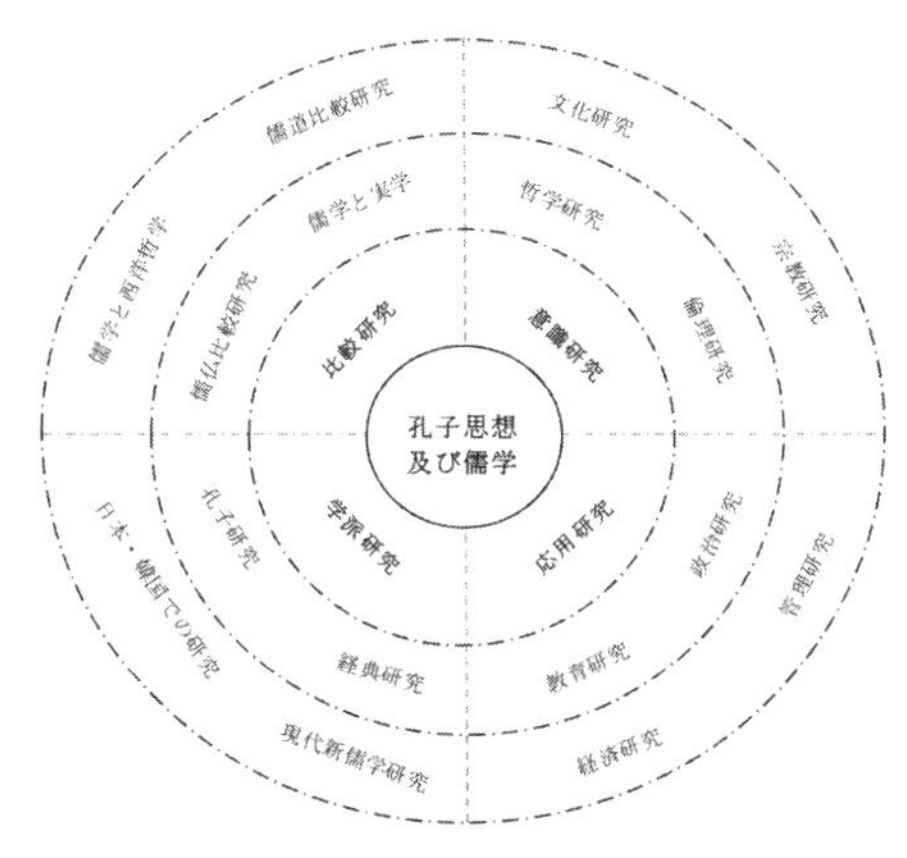

図６孔子思想及び儒学の研究分類
資料：『20 世紀儒学研究大系』をもとに筆者加筆

また、図6で示したように、これまでは道徳・倫理・哲学・教育面に重点を置いていたため、孔子思想の背後にある実行性の高い問題解決システムの存在が見落とされていました。それは時代背景、社会背景、社会のニーズに動機付けられます。もちろん、もっと細かく見ていくと、孔子に対する理解は読み手の視点、背景、専攻などにもかかわり、切り口によって得られる理解も異なります。

孔子の思想は時代や人によって理解は異なりますが、その思想を栄養剤やエネルギー源、参考書とし、それを通して自分の視野を広げて能力を高め、個人や社会の問題を解決するという考え方はずっと変わりません。孔子思想が古典となったのは時代を問わず、知恵を提供し、問題を解決する方針を示してきたからです。それはグローバル化が進み科学技術が目まぐるしく進歩した現代であっても同じです。私たちは個人や社会の問題、特に人の心の問題を解決するために古典を読み、古典の中から答えや進むべき方向を探しているのです。どのように『論語』を読み、孔子の知恵を借り、問題を解決するかという問いに答えるためには、時代を理解しなおし、『論語』を新たな視点で読みなおす必要があります。本書は問題解決の視点から『論語』を読み、現今の社会問題の解決方法の提案を試みるものです。また、本書は２５００年前の孔子の心・思想・問題意識を究明することにより、現代の人間の心・問題意識を知る点において、温故知新（おんこちしん）だけではなく、「温故知心（おんこちしん）」、さらに「温孔知心（おんこうちしん）」と言えるでしょう。

本書は決して先人の理解に反対した立場ではありません。先人と異なった問題解決の視点から孔子思想を解釈しようとすることは、諸々の先行研究を拝読し、先行研究を踏まえた上の新たな模索です。また孔子思想を分かりやすく理解してもらうために、金谷治先生の『論語』（岩波文庫版）の解釈文を参考・引用しました。

本書が論じた孔子思想は『論語』だけをもとにしており、孔子の言動を記載した他の書籍には言及していません。孔子思想を網羅的に記述していないという点をあらかじめご了承ください。

問題意識と孔子的問題意識構造

誰もが幸せで、楽しい人生を送りたいと思っているでしょう。その夢の実現には目の前の問題、その原因と解決方法を見つけ、これを解決しなければなりません。図7で示したように、幸せで楽しい生活という夢を実現するために、すべての問題を把握し、その中から今解決できそうな問題を選別した上で、少しずつ取捨していく必要があります。言い換えれば、目の前のいろいろな問題を解決できてこそ、幸せで楽しい生活という夢が実現できるのです。問題解決にあたっての第一歩は問題を発見することですが、それは決して簡単なことではありません。

問題意識は人生を決める

問題の発見はなぜ難しいのでしょう。それは私たちの日常生活に潜んでいる問題の多くが明白なものではないからです。前にも言及したように、多くの物事はあいまいで、多様な側面と一定の深さ、広さを有しています。また物事同士のつながり、特に深いレベルでの抽象的なつながりは見えづらいものです。それに私たちは物事の表層だけを見がちで、裏にある見えない部分を見落としてしまう傾向があります。私たちが日常生活の中で遭遇する問題は目に見えるものもありますが、多くが

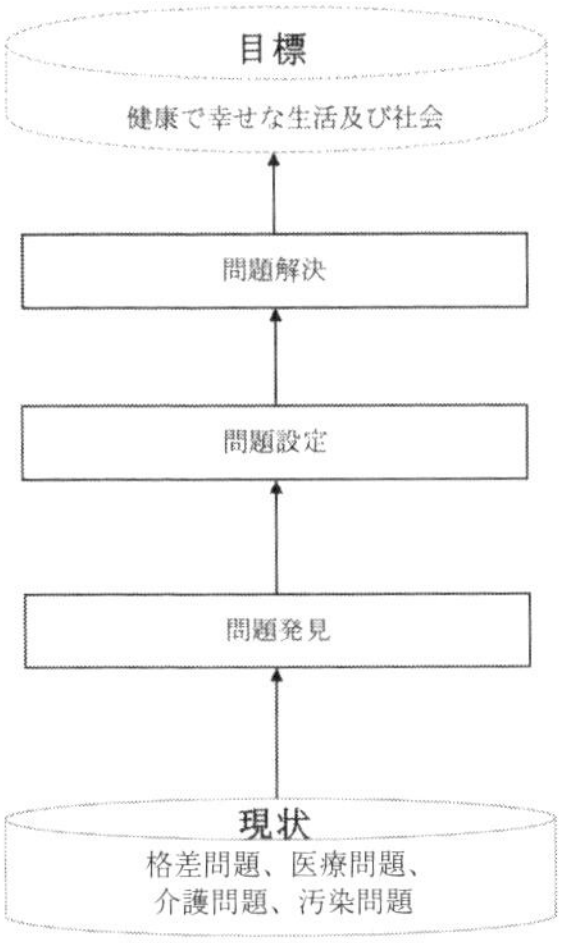

目標
健康で幸せな生活及び社会

問題解決

問題設定

問題発見

現状
格差問題、医療問題、
介護問題、汚染問題

図7 問題解決のステップ

不明確で、問題の存在をうっすらと感じていても、見ることも、触ることもできないため、処理のしようもないのです。しかしその一方で、問題の所在やその原因を見出せる人もいます。同じ問題・状況・事物に対して、処理方法が異なるように、厳重な問題だと思う人もいれば、問題視することが大げさだという思う人もいるからです。

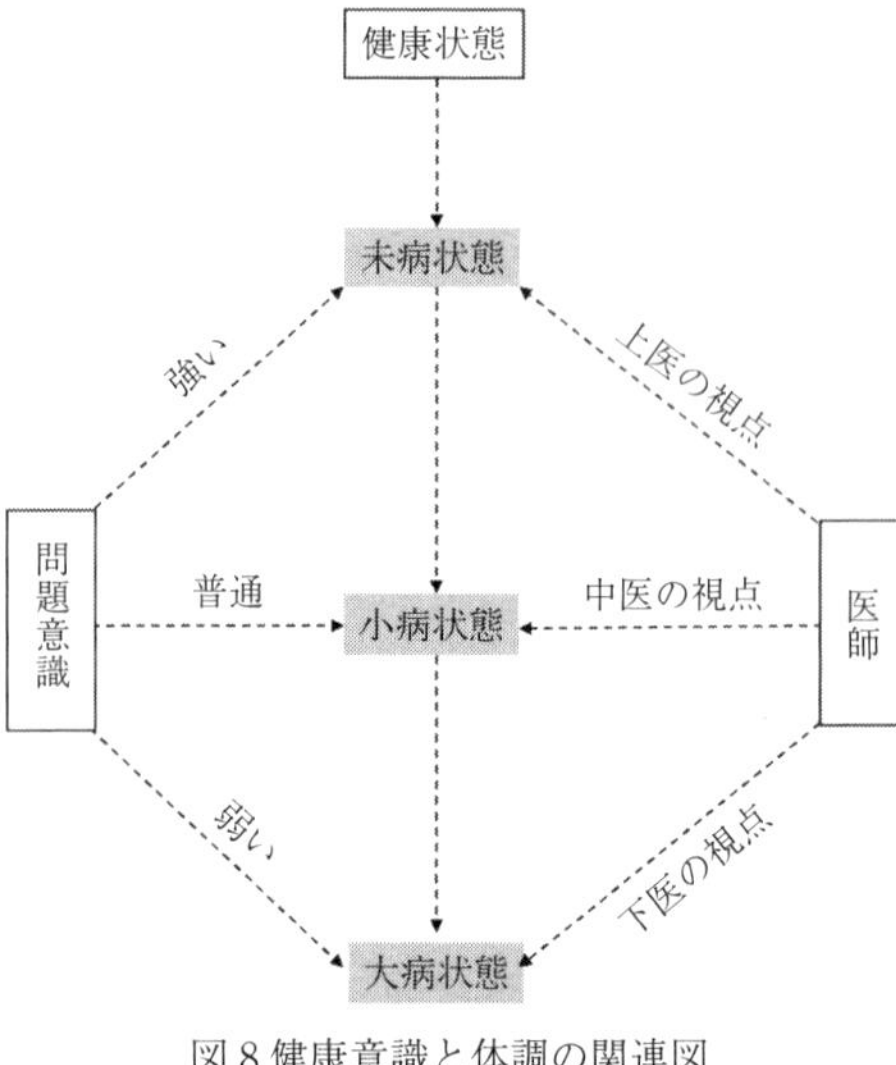

図8 健康意識と体調の関連図

たとえば健康に対する見方と態度です。健康な状態から病気の状態までは一般的に、体調不良でありながら病院の診断では特に異常が見つからない「半健康状態」、次に風邪のような程度の軽い「小病」、そして重い病気である「大病」という段階を踏んでいきます。その過程で、自分の体調の変化にいかに気を使うかは健康意識、つまり健康に対する問題意識のありようによります。健康意識は人によって3つのタイプに分けられます（図8参照）。

◎Aタイプは、自分にとってどんな生活が理想的・健康的なのかを知っている人です。もし今の生活パターンが自分の望んでいる基準から離れた場合、すぐに基準通りに変える努力をします。つまり、たとえ問題が表に出ていなくても、少しでも具合が悪ければ、健康状態に注意を払い、もっと健康的・理想的な状態になるように努力するのです。このタイプの人は問題意識が非常に強いと考えられます。

◎Bタイプは、少し具合が悪くても、病気だと言われない限りは、我慢しようとする人です。このような考え方を持つ人は体の小さな変化は気にしませんが、本当に病気になったらやはり病院に向かいます。このタイプの人は問題意識が比較的弱いです。

◎Cタイプは、たとえ体に異変が現れ、明らかに病気になっても、体を大事にしない人です。最初は何とかなると甘く思いがちですが、病状が悪化し、我慢できなくなってようやく病院に駆けつけます。このタイプの人は問題意識がないとも言ってもいいでしょう。

同じ事柄の同じ状態であっても、人によって対処法は様々ですが、それは人によって生活態度、自己管理の方法、問題解決能力に差があるということです。

次に、医者の立場から病気の見方と治療方法を見てみましょう。図8で示したように、伝統的な漢方医学では「上医はいまだ病まざるものの病を治し、中医は病まんとするものの病を治し、下医はすでに病みたる病を治す」という言い方があります。つまり、医術の高い医者である「上医」はまだ病気になっていない、すぐに病気になりそうな人に対し、その隠れている病を見抜くことができ、飲食の注意点や体調の管理などの治療方法を施し、隠れている病を解消することができます。一方、上医にくらべ医術の腕がいくぶん劣る「中医」は病気が表に出て、体調が悪くなりはじめてから問題を把握することができます。中医にとって「未病」や「半健康状態」は問題になり得ません。さらにレベルの低い「下医」は病態が明らかになり、もしくは病状がかなり悪化してからやっと病気に向かい合います。下医にとって「半健康状態」や「未病」はもちろん、「小病」すら問題ではありません。このように、医者の問題意識はその技術の高低に深く関わっており、問題意識が違えば、病気に対する態度と対処法、それに応じた治療効果も異なります。患者の体調が変化する各段階で、問題意識があって初めて問題を見出し、適切な治療方法を施し、病気を治すことができるので、医者の問題意識の有無は一種の治療力であるともいえるでしょう。

孔子思想は問題意識をはかる温度計

病は客観的に存在するものですが、同じ病気であっても、異なる主観認識や治療意識が得られるのはなぜでしょうか。原因はさまざま考えられますが、ここでは客体と主体認識のあいまいさを取り上げます（図９）。客体とは私たちが日常生活の中で直面するさまざまな事物及びそのつながり方のことです。

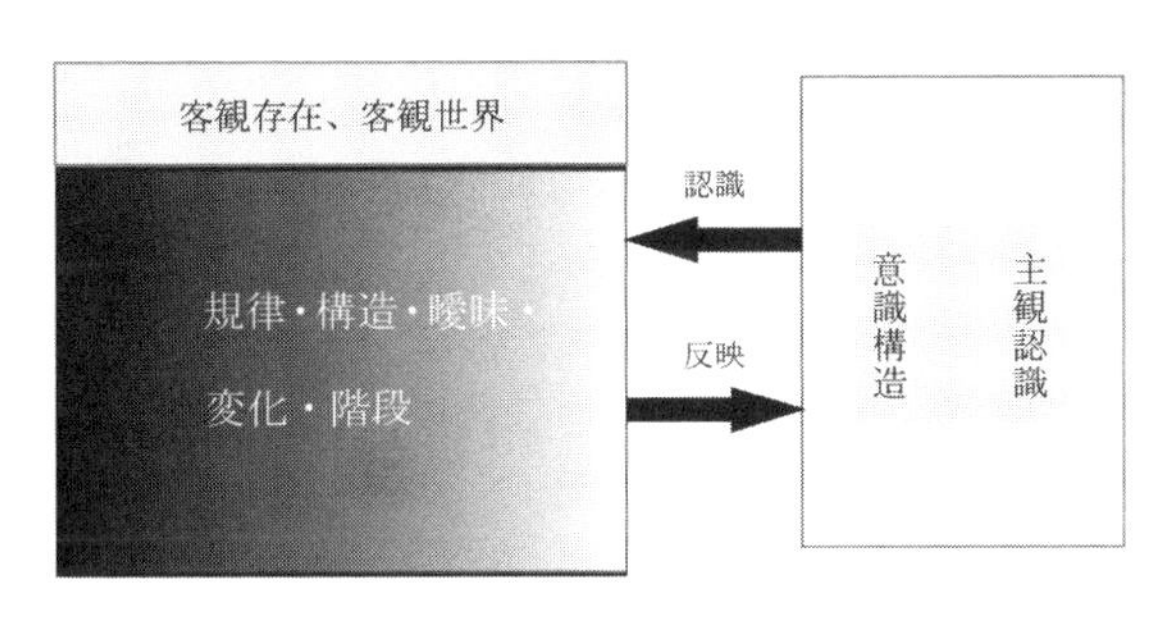

図９　客観世界と主観意識の関連図

それらは客観的な存在でありながら、あいまいでしかも多面的・可変的な特徴をもっています。したがって、まだ病気だと診断できない未病のような対象に対し、問題の有り無しで意見が分かれます。

一方、世界や客体に対する主体の認識は主観的であるため、視点が違えば、結果も異なります。同じ対象であっても、その一側面しか見えない人もいれば、対象の各側面、規則、他の客体とのつながりなど、幅広く、奥深く把握できる人もいます。このようなあいまいで、不確かで、多面的な主観認識は個々人の意識構造によって生まれていると考えられます。

たとえば地球の引力を発見したニュートンより前に、りんごが地面に落下するという現象に気づいた人は無数にいるはずですが、その原因を究明できた人は誰もいませんでした。当たり前と思いまったく無関心な人もいれば、もしかしたら何かがあると思いついた人もいたかもしれませんが、その背後にある原理を面白いと思い、探求しようとする意識がなかったため、そのまま終わってしまったのでしょう。万有引力という法則は客観的な存在ですが、気づくきっかけとなる問題意識の有無、それを追求しようとする問題意識の有無は人によって違います。要するに、問題の有無ではなく、問題に気づく意識、そして問題の規則や法則を探求する意識が重要なのです。

同じような物事や問題でも人によって、考え方が異なります。また同じ問題を解決する際にも、人によって、見方と対処法が異なります。問題解決に長けた人は「上医」と同じように、表面化されていない問題を予測し、解決するための方法を工夫します。そうすることによって、問題を比較的簡単に解決するのです。しかし、隠れている問題に気づきながら、まだ表に出ていないので放置していてもいいと思う人もいます。一方で、表面に浮上(ふじょう)していない問題はまったく問題ではないと思っている人もいます。このように、問題視するかどうか、また問題を重視するかどうかによって、問題に対する認識や行動が異なります。意識構造によって得られる問題意識や問題解決方法は、当事者の価値観や生活態度を反映しているのです。

問題を認識し、それを重視すること自体、問題解決の能力であるといえます。ゆえに問題解決力を向上させ、問題意識を磨くためには、問題意識に影響を与える要素や条件を明らかにする必要があると思われます。

また人によって問題意識が異なるので、説明の便宜を図るためにまず基準となる意識構造を立てる必要があります。基準は個々人の意識構造を測る温度計のような役割を果たしてくれます。温度計が発明されるまでは温度は体感できるのに、目には見えませんでした。しかし温度計が発明されてから、温度の高さが明確に見えるようになり、客観的かつ正確に調整できるようになりました。

一方、人の基準といえば、数千年にわたり、世界中に知られている模範となる人物、すなわち孔子を挙げられます。特に中国では、孔子の処世術、物事に対する考え方や評価の仕方などが広く知られており、人々に深い影響を与えています。孔子は人の理想形と社会の理想形をあげ、その達成に向け努力していました。この孔子の心はまさに人間の問題意識をはかる温度計であり、人生の鏡でもあると言えるでしょう。

孔子的問題意識構造の構成要素

そこで、本書では問題解決という視点から、『論語』の５００章を整理・分析して、体系化させ、孔子的問題意識構造を提案しています。孔子的問題意識構造は、図10に示すように、５つの構成要素からなります。それらは「志」（目標）、「仁」（個人の社会責任）、「知」（情報・知識・知恵）、「時」（時間）、「名」（立場）です。この５つの要素は独立した不変的・静的なものではなく、互いにつながりあい、重なり合い、相互に作用・依存し合っており、常に変化するダイナミックなシステムであり、人々の物事に対する認識と考え方を制御しています。本書は問題解決とシステムマネジメントの立場からこの５つの要素を解説していきます。

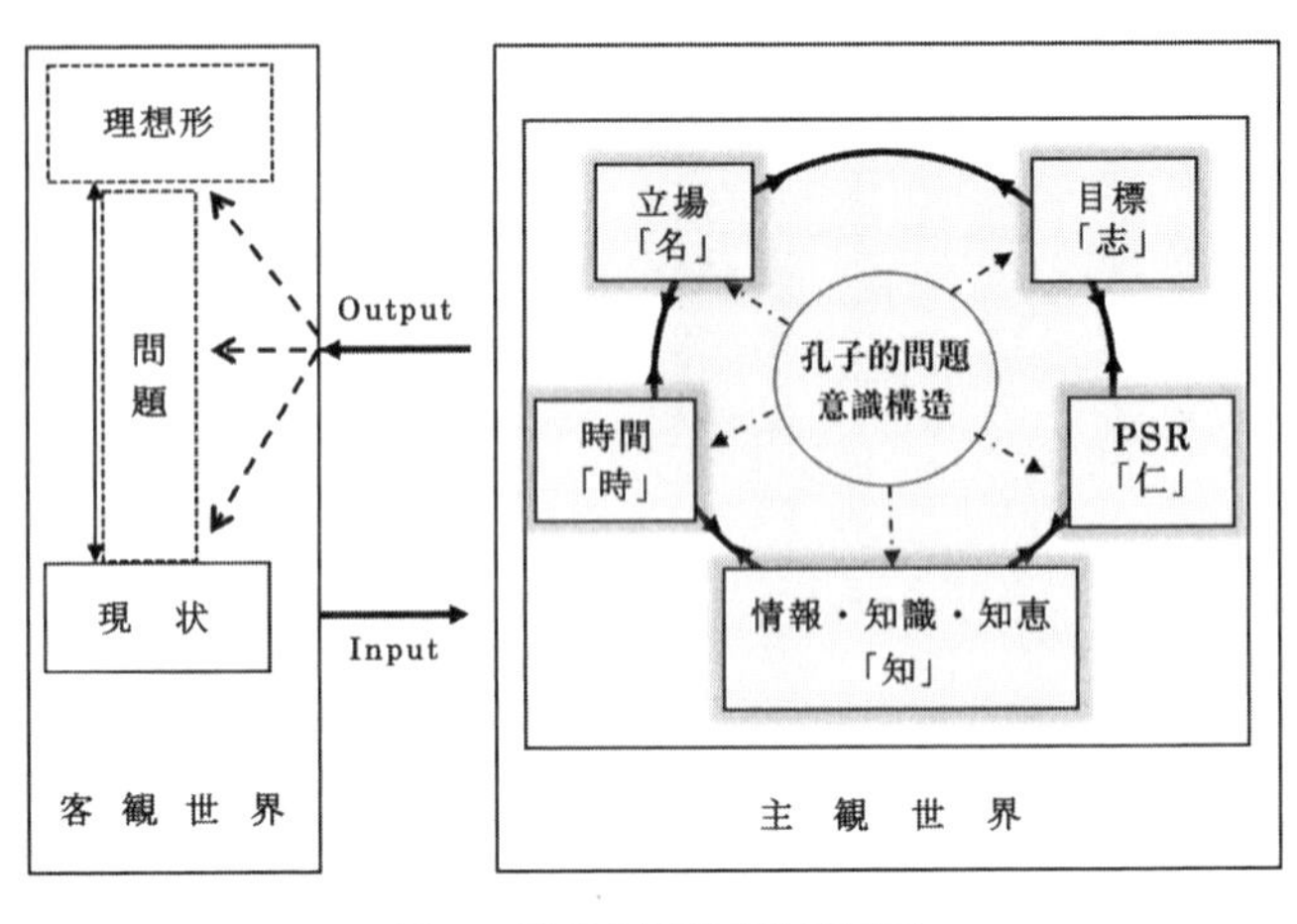

図10　孔子的問題意識構造図

第1章「志」では目標の有無、目標の方向と目標の達成という、目標に関わる3つの項目に応じた異なる問題意識を解説します。志（目標）と義（目的）の区別についても説明します。また、「道」とは正確な方法を用い、絶えず改善を図り、物事の最良の状態を追求することです。歴史で誤解された「中庸」の本質的な概念を提案しました。「道」と「中庸」のつながりも解説します。

第2章「仁」では問題解決の立場により、「仁」が「個人の社会責任」であること、また「仁」をなす8つの構成要素、「孝」・「忠」・「礼」・「信」・「過」・「敏」・「恵」と「寛」について述べます。この8つの要素を達成すれば、社会責任を有する「仁者」であるという主張を展開します。特に「忠」「礼」「信」「過」等について日常生活の事例を通し、詳細に解説します。

第3章「知」では、知とは口から出た情報・知識・

知恵を用いて問題を解決する、という概念を説明し、日常生活の事例を通して、適切な情報、知識、知恵がなければ、問題意識も生じにくいという点を述べました。この章では孔子が言及した5つの知恵に重点を置いて説明します。

第4章「時」では「時間の聖者」と賞賛された孔子の時間に対する理解について述べます。現在、過去、未来、周期、遅延、タイミング、持続の7つの側面を通し、時間へ理解が問題意識の違いをもたらすことを説明します。

第5章「名」では孔子式問題意識の中の「立場」について説明します。「立場」は自分、他人、社会、世界の4つに分けられます。立場が違えば、物事と世界に対する認識、そして問題意識も異なります。この章では自分、他人、社会、世界の4つの視点から問題を考え、解決し、4者がそれぞれ喜ぶような（四方良し）結果を達成することを強調します。

第1章 志 目標に関する問題意識

先生がいわれた、「私は十五歳で学問に志し、三十になって独立した立場を持ち、四十になってあれこれと迷わず、五十になって天命をわきまえ、六十になって人のことばがすなおに聞かれ、七十になると思うままにふるまってそれで道をはずれないようになった。」（為政第二―四）

孔子は自らの人生を振り返り、自身の成功は若い時に学問に志すと決心したことが起源となっているといえるのではないかと語ります。若い時に学問を志すという明確な目標を持ったからこそ、孔子はよく学び、知識を積んで、各人生の段階にそれなりの領域に達し、最後には万世師表（永遠の教師）になりました。自らが若い時に立てた決心が彼の人生に作用し、成長の方向を決めたといえます。

しかし、日常生活の中では理想や目標を意識することなく、日々自分が何をしているのか、何でこんなに忙しくしているのかを理解していない人がたくさんいます。彼らは、毎日ショッピングをしたり、ゲームで遊んだり、麻雀をしたり、カラオケで歌ったり、ドラマを見たり、ネットでチャットをしたり、友達と一緒に飲み会に行ったりします。そうこうしているうちに日々が過ぎ去っていきます。

その他にも、考えや夢を持っており、自らを変え、現状を改めたいと思っているけれども、やりたいことが多く、何から手をつければよいかわからず、右往左往して頭を悩ませている人もいます。

こうした人たちの問題は、目標に対して明確な認識や方向性がないことだといえます。明確な方向性がないということは問題意識がないということです。つまり、問題意識の有無のもう一つの条件は目標の正確な方向性の有無なのです。

さらに、自分の目標があって何かやりたいことがあるけれども、条件や能力がその目標に対して十分に揃（そろ）っていない人がいます。能力がないために、いつまでたっても行動せず、口だけは達者です。また、「運が良くない、他人や社会が悪い」などといつも文句を言う人もいれば、ある程度行動をしても最後まで続けられず、途中で諦めてしまう人もいます。彼らの問題は行動に移していない、あるいは目標に向かって諦めずに継続することができないことです。これがいかに目標を達成するか（そしてそれを継続するか）という問題意識です。

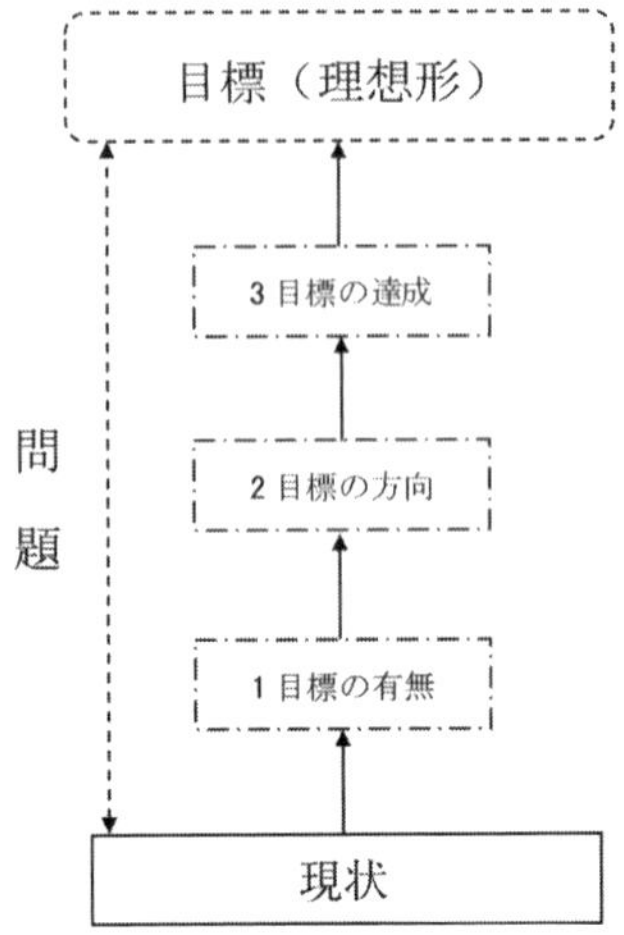

目標（理想形）
3 目標の達成
2 目標の方向
1 目標の有無
現状
問題

図1―1　目標に関する３つの問題意識

前述した人々は、目標に対してそれぞれ異なった理解をしており、目標に対する理解及び位置付けが違うため、異なる問題意識が生まれています。孔子的問題意識構造では、図１―１に示すように目標に関する問題意識を、１：目標の有無に関する問題意識、２：目標の方向性に関する問題意識、３：目標をいかにして達成するかに関する問題意識、という３つに分類します。以下、孔子が３つの異なった問題意識に対してどのようにアプローチしているかを述べていきます。

志　ビジネスチャンスは目標から生まれる

先生がいわれた、「一日じゅう腹いっぱいに食べるだけで、何事にも心を働かせない、困ったことだね。さいころ遊びや碁・将棋（しょうぎ）というのがあるだろう。〈あんな遊びでも〉それをするのは何もしないよりはまだましだ。」（陽貨第十七―二十二）

目標がなく、その辺をぶらぶらしている人を孔子は厳しく批判するとともに、何か勉強した方がいいと提言しました。生活の現状に満足していると、彼らは何の問題意識も、目標も、理想も追求することがありません。一方、目標がある人は、自分の現状に問題意識を持ち、現状を改善し、理想に到達しようと考えます。彼らは目標を達成するために絶えず努力し、自らを向上させなければなりません。目標を追求する過程で、問題意識を常に自らの側に留め、意識を働かせます。目標を追求する過程で

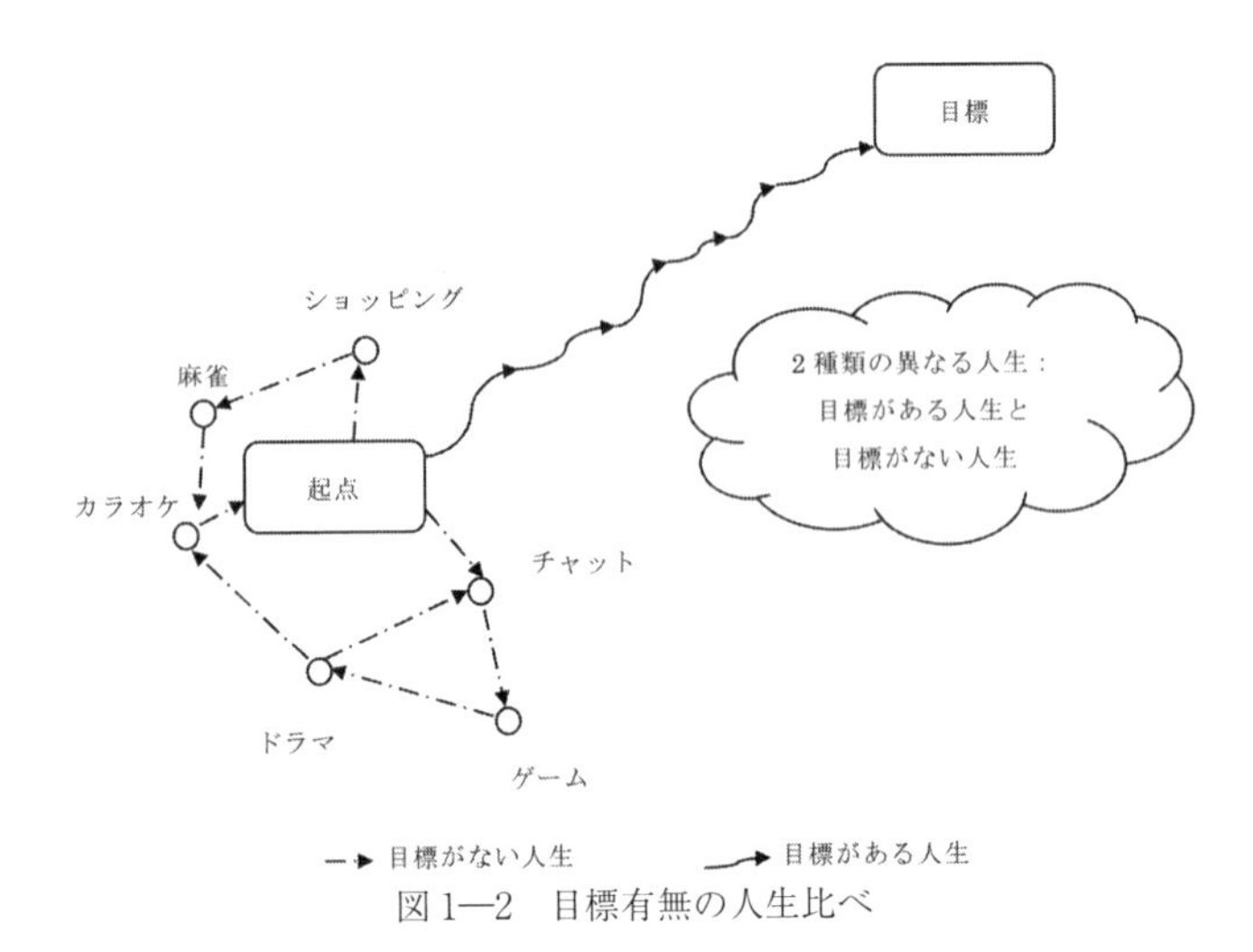

図1―2　目標有無の人生比べ

紆余曲折はあれど、目標を見失うこともなく、努力を怠らなければ、必ず目標に近づいていきます。

図1―2に示すように、目標がない人は10年、20年後も変わらず同じ場所を歩き、成長も進歩もしていないかもしれません。しかし目標がある人は、目標を達成し、自分を新しいレベル、あるいは理想の状態まで高めることができているかもしれません。

ここから分かるように、孔子の問題意識では、まず目標を立てます。目標があるからこそ問題意識が生まれる、となるわけです。これはサイモンが提唱した問題の定義と似ています。もし、問題が「現状と目標の間のギャップ」であるというならば、目標それ自体が問題の一部であると言えます。目標がなければ問題は存在せず、しかも問題があるとも思わないわけです。あるいは、明確な問題がないと考えるのです。問題の所在がわからなければ、当事者にしてみれば問題意識など持ちようもないでしょう。ですから、問題意識を持つための一つの前提条件は、「目標があるかないか、明確な目標があるかどうか」です。

改善型目標

孔子は、目標がない人を批判するとともに、我々にどのように目標を定めるかも教えてくれます。孔子にとっては、目標を立てることは非常に簡単なことでした。なぜなら自分の身の回りのできることから目標を立てたからです。たとえば、学習は誰でも立てられる目標です。若い時の孔子にとっては、学習が達成できる目標でした。しかし、我々は目標と言うと、なにかたいそうなものを考えがちです。子供の頃、科学者、発明者、政治家や官僚、スーパースター、社長になりたいと思っていた人も多いのではないでしょうか。そういう願望はもちろん良いのですが、実際に実現させるために行動に移している人というのは少ないのではないでしょうか。各人の条件や周囲の環境は違い、実現可能な夢も違います。我々に必要なのは、自分に適した目標を一つ立てることです。その時に、明確な目標が　つあるというのが非常に重要で、とりわけ目標に対する問題意識が重要なのです。

哀公（あいこう）が「お弟子の中で誰が学問好きですか」とおたずねになった。

孔子は答えられた。「顔回（がんかい）という者がおりまして学問好きでした。怒りにまかせての八つ当たりはせず、

過ちをくりかえしませんでした。不幸にも短い寿命で死んでしまって、今ではもうおりません。学問好きという者は〈ほかには〉聞いたことがありません。」（雍也第六―三）

孔子にとっては、現在の欠点や不足を改善し、同じ過ちをしないことも目標となるようです。この目標は、自分が今やっていることを認識して、生活上存在している欠点や不足等を改善する「改善型目標」です。最も目に見えやすくて、計画も立てやすく、問題意識も生まれやすいのが特徴です。今の自分に足りない部分を見つけ、一つの改善目標を立てることができるので、それなりに問題意識が生まれます。その問題意識が新たな発展の機会となるかもしれません。

昨今、各方面からビジネスがなかなかうまくいかないとか、どの業界でも競争が激しい、起業の機会をなかなか見つけられない、ということをよく耳にします。しかし改善型目標という視点から見れば、そこで改善すべき目標を立てられれば、すなわちそれがビジネスチャンスになります。どんなシステム、どんな業界でも至らない部分というのは必ずあります。その至らない部分を改善することを逆にチャンスと捉えれば、ビジネスチャンスが生まれるのです。どのシステム、どの業界でも、ビジネスチャンスは存在しています。大事なのは、問題を見つけることができ、それを改善することができる能力です。現在社会に存在している問題は、裏を返せば実はチャンスであり、チャンスに向けて準備をしている人、問題意識を持っている人を待っています。

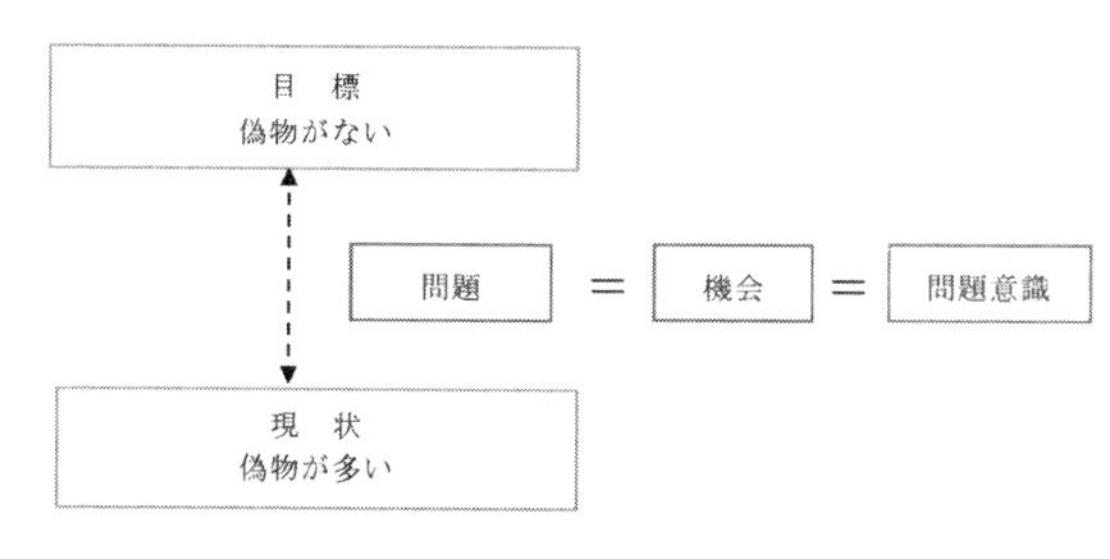

図1―3　改善型目標

たとえば90年代、中国では偽物の商品が消費者の頭を悩ませる問題となっていました。南京にある有名なスーパーマーケット「蘇果（スーグォ）」（南京へ行ったことのある方はおそらく見かけたことがあると思います）は、図1―3に示すように、この問題に対して、「蘇果には偽物がない、どれも安心できる」という経営理念を提唱しました。そしてまたたく間に南京の小売業界で市場シェアを拡大し、業績を向上させました。このケースは困っていること（問題）を発見し、また問題を解決・進歩させることが、成功のチャンスであるということを教えてくれます。大事なのは、成功は問題意識から生まれることを心にとめ、日常生活で絶えず問題を発見することです。つまり、成功したいならは、問題を楽しく発見せよ（問題楽見）ということです。

ところで、我々は「問題ない」という話が大好きです。しかし、もし現在の状態に不足・欠点がなければ「問題ない」とは「目標がない」ことと同じです。そこには発展の余地も機会もありません。日進月歩の時代に未来への発展の余地が見出せず、今歩んでいる道が他人のそれよりも後れを取ることになるでしょう。その意味で、「問題がない」のは最大の問題なのです。問題は怖くありません。もし問題を発見し、問題を改善すれば自分を向上させることができます。あるいは、問題を解決すれば会社・社会にも貢献できるかもしれません。問題を恐れるのではなく、問題を向上の機会と捉えた方がいいのではないでしょうか。

創造型目標

子路が「どうか先生の御志望をお聞かせ下さい」といったので、先生はいわれた、「老人には安心されるように、友達には信ぜられるように、若者にはしたわれるようになることだ。」（公冶長第五―二十六）

社会の全員が幸せになる調和社会は孔子の目標です。しかし、そういう社会は現実に存在していないので、新しいシステムを創造・開発しなければなりません。そのために必要なのは、現在の状態を改善・改良するのではなく、現在まだ存在していない新しい状態を創造するという「創造型目標」です。その目標は、社会環境の変化に従って変化していきます。社会のニーズや環境の変化の中で、現状を鋭く見きわめ、新しい理念で現在の不足を補い、絶えず変化している市場のニーズを満足させます。

たとえば、80年代中国では結婚写真などを撮るサービスがまだありませんでした。しかし、90年代に

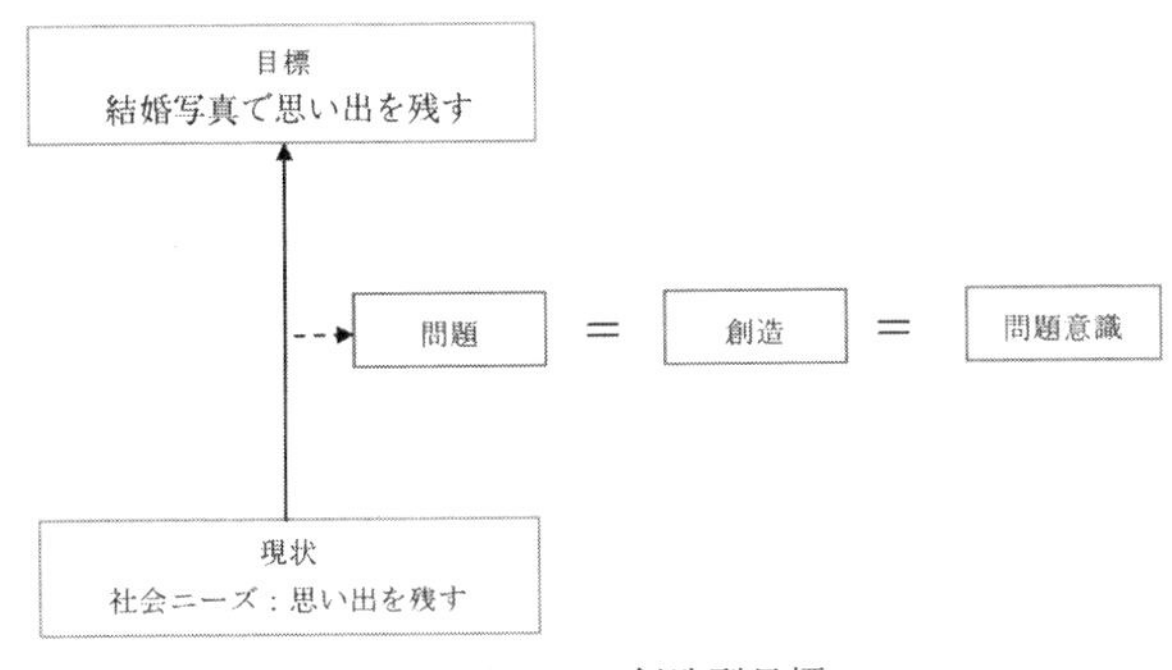

図１―４　創造型目標

入り、経済状況がよくなってくると、たくさんの新郎新婦が人生の大切な時を美しい思い出として形に残したいというニーズが出てきました。そこで、結婚写真のサービスが自然発生的に現れ、一大ビジネスとなりました。図１―４に示すように、人間の思い出に対するニーズが大量のビジネスチャンスを生み出したのです。また、それに伴って披露宴での様々な演出等も生まれ、結婚を祝うためのさまざまなサービスが、社会のニーズの変化によって誕生し、発展してきたのです。

創造型目標は、現段階でまだ存在しておらず、創造・開拓が待たれる状態であるため把握しにくいものです。しかし、もしそうした社会のニーズの変化や目標を認識できれば、チャンスが訪れるかもしれません。

目標が違えば、問題意識も違います。問題意識が違えば、行動も違います。なので、目標を立てるときには、先に挙げた目標の種類を参考にしながら、自らの問題をしっかりと把握し、どのような目的や目標を成し遂げたいのかをはっきりとさせましょう。

志事の目標

また目標は明確でシンプルなだけでなく、人に喜びを与える必要があります。多くの人は仕事や勉強を楽しいものと思っていません。適当に仕事をし、学校では遊んでいます。それは、人間の天性そのものので、自分がやりたいことではないから、きちんとやらないわけです。嫌なことをやっていると、そこから喜びを得られないのだから、継続もできません。サッカー観戦や映画を見るのは、そこから楽しみを得られるからこそでしょう。仕事も同じです。自分が好きな目標や仕事を見つけ、さらに、その中から喜びを得る、これが孔子の教えなのです。

先生がいわれた、「知っているというのは好むのには及ばない。好むというのは楽しむのには及ばない」
(雍也第六―二十)

これは、ある仕事をして、仕事に関する技能を身につけてその仕事が好きになるということではなく、仕事そのものを好きになることで仕事から楽しみを得られるということです。田舎で農業をやっても、レストランでアルバイトをしても、工場で仕事をしても、自分がその仕事を好きであればやりがいが出

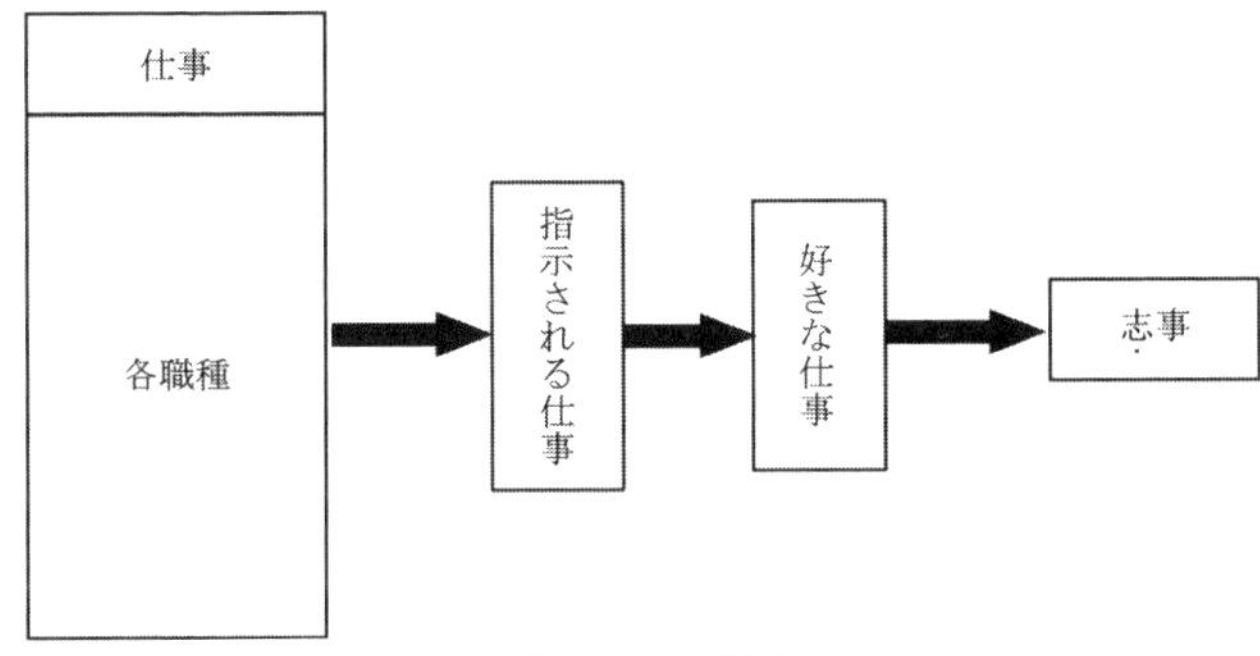

図1―5　志事図

てきます。図1―5のように、自分が好きな、また志している仕事を「仕事を志す」ということで志事（しごと）と呼びます。

先生がいわれた、「大軍でも、その総大将を奪（うば）い取ることはできるが、一人の男でも、その志を奪い取ることはできない。」（子罕第九―二十六）

「志事」は、誰もができることで、そこに貴賤（きせん）の区別はありません。「志事をする」とは、自分が好きな仕事を選んで、その中から楽しみを得て、社会の勢いに流されないということです。我々の社会においては、ある職業を見下すような風習があるかもしれません。たとえば、私の人生の目標がラーメン屋の店長だといったら、偉いとほめてくれる人はどれほどいるでしょうか。しかし、どの業界でも優秀な人は出てきます。小さなラーメン屋でも素晴らしい成果が出ることだってあるのです。

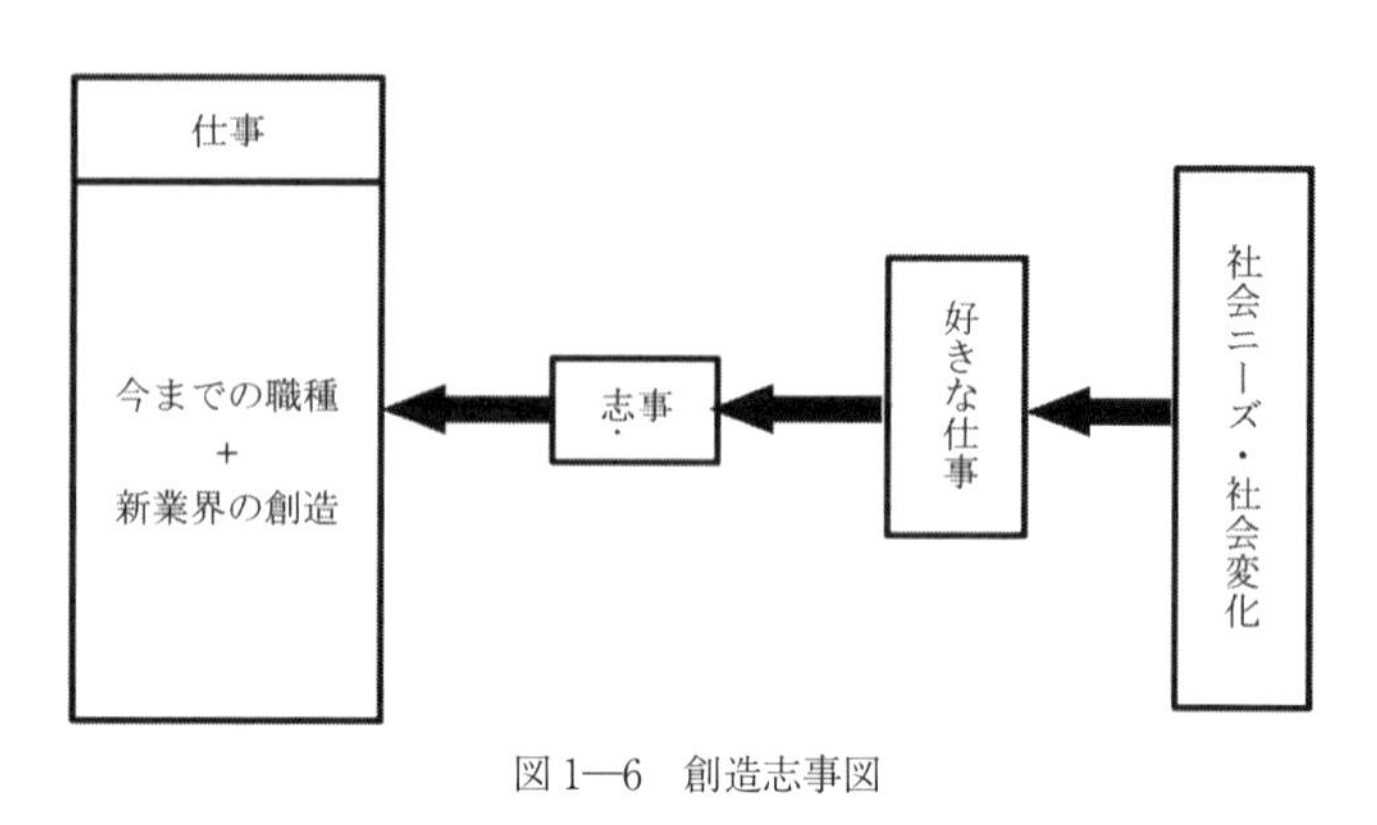

図1—6　創造志事図

ある人が自分でラーメン屋を経営したくなって、大学を卒業してから、いろいろな料理屋で研修・修業して、小さなラーメン屋を出しました。その後、彼はラーメン全国大会で連続3回優勝しました。現在全世界で100軒あまりの店を出し、売上は100億円以上となりました。その社長は、自分が好きな仕事を目標として、自分の志事をしたのです。

もちろん志事は、図1—6に示すように、社会に存在している職種とは限りません。意識が敏感で社会の変化やニーズをうまく見つける人は、新しい業界をつくり、それを自分の志事として努力していきます。iPhoneを創り出したスティーブ・ジョブズはそのような人間だったのではないでしょうか。

義　社会のニーズを満たすこと

なお、目標を立てるときには、目標の方向性に注意しなければなりません。もし、方向を間違えると、その結果はだいぶずれてしまいます。

先生がいわれた、「一日じゅう集まっていて、話が道義のことには及ばず、好んで猿知恵をひけらかすというのでは、困ったものだね。」（衛霊公第十五―十七）

ここでは、「義」が仕事や活動の方向や内容となっていると言えます。「義」の解釈は正義、道義、共同利益などがありますが、システムマネジメント論の視点から見れば、「義」を社会のニーズや国民のニーズと解釈できます。孔子は、仕事には方向があって、毎日忙しくて何をやっているかわからないということになってしまってはならないと言っています。その方向は、孔子からみれば、「義」、すなわち、社会及び国民のニーズを満足させるということです。

仕事やビジネスの目的とは何か

ところで、目標と目的という2つの言葉は、間違いやすい概念です。目標と目的の区別を説明する前に、皆さんにいくつか伺います。

まず、仕事の目的は、何ですか。あるいは、何のために、仕事をしていますか。

それは、おカネを儲けるためじゃないでしょうか、あるいは、生活のためじゃないでしょうか。多くの人はそう答えるかもしれません。

では、レストランを経営する目的は何でしょうか。

多分こちらも多くの人がおカネを儲けるため、と答えるでしょう。

もし、仕事やレストラン経営の目的がおカネ儲けだとしたら、ありとあらゆる業界や仕事の目的も、全部おカネ儲けになってしまいます。社会における様々な事柄の目的もすべておカネ儲けのためになってしまいます。

さらにもう一つ質問をします。グーグルの目的は何だと思いますか。

グーグルの目的もおカネを儲けることでしょうか。

現在、皆さんは無料でグーグルを使っています。グーグルは世界のトップ会社ですが、ユーザーに無料で情報を提供しており、メールの使用料や情報提供料などは徴収していません。なので、グーグルは、単にユーザーからおカネ儲けることが目的とは言えないはずです。グーグルの目的は、おカネを儲けることより、ユーザーに有益な情報等を提供することなのではないでしょうか。

目標と目的の区別を説明するために、１００万円儲けることは、目的かそれとも、目標かということを例に説明します。

もし、１００万円儲けることを目標とするなら、そのために具体的な行動をしなければなりません。

その具体的な行動は、正しいかもしれませんし、間違っているかもしれません。たとえば、汚職や銀行強盗などで１００万円を得ることは犯罪です。これは方向も、目的も間違っています。こうした行為は必ず法律で罰せられ、社会に害を与える行動なので、ここでの議論する必要はありません。図１―７に示すように、１００万円を儲けることは、仕事、ビジネスなど正しいルートを通じて実現できます。

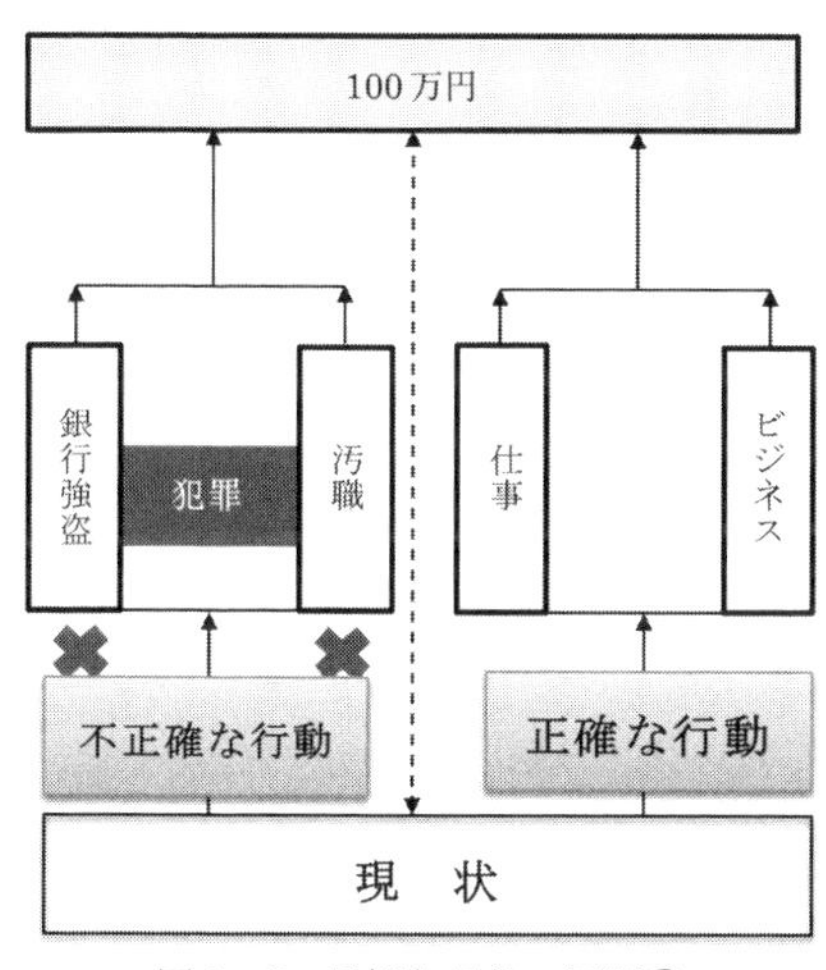

図1―7　目標と目的の区別①

目的は階段がある

もし、図１―８に示すように、レストランを一つのシステムと見なすと、そのシステムの目的はすなわちレストランの目的あるいは機能となります。レストランの基本的な目的とは、顧客に料理やお酒などを提供することです。もう少し目的が高くなると、顧客にリラックス、娯楽、パーティの場所を提供することであり、さらに高くなると、住民に便利な生活を提供すること、社会に貢献できることとなっていきます。レストランの目的は階段のようになっていますが、そこにはおカネ儲けという目的はありま

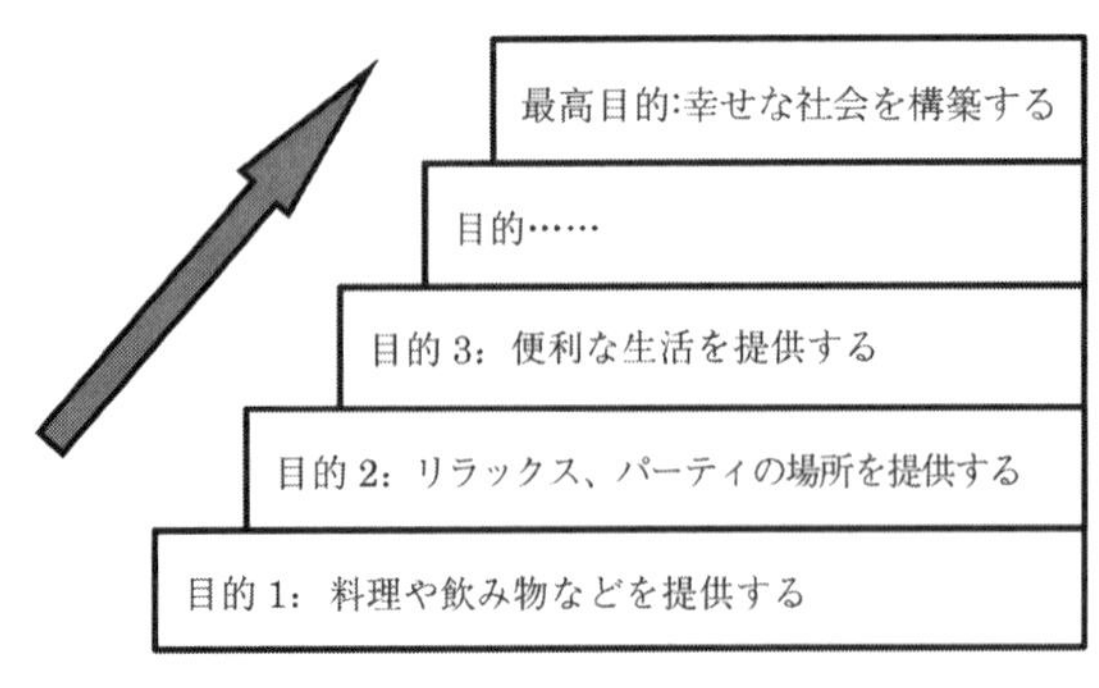

図 1―8　レストランの目的階段図

せん。もし、レストランの目的がおカネを儲けることとなれば、レストランの目的の階段はなくなります。というのは、どの階段の目的も全部おカネを儲けることになってしまうからです。では、おカネを儲けるということは、何なのでしょうか。

目標と目的の違い

おカネを儲けるということは、レストランを経営するという行動の結果であり、レストランを経営する目的の結果なのです。100万円を儲けるということはそれなりの顧客のニーズを満足させた結果、100万円儲けたということです。100万円を儲けるという目標のさらに先には、ある前提が隠されています。それはすなわち、社会のニーズを満足させるという前提です。100万円は、レストランの目的（機能）を達成した結果で、100万円という結果は目標であって、目的ではないのです。

ですから、レストランや仕事の目的は、社会のニーズや機能をさせることで、これに対し、目標は社会ニーズを達成するための

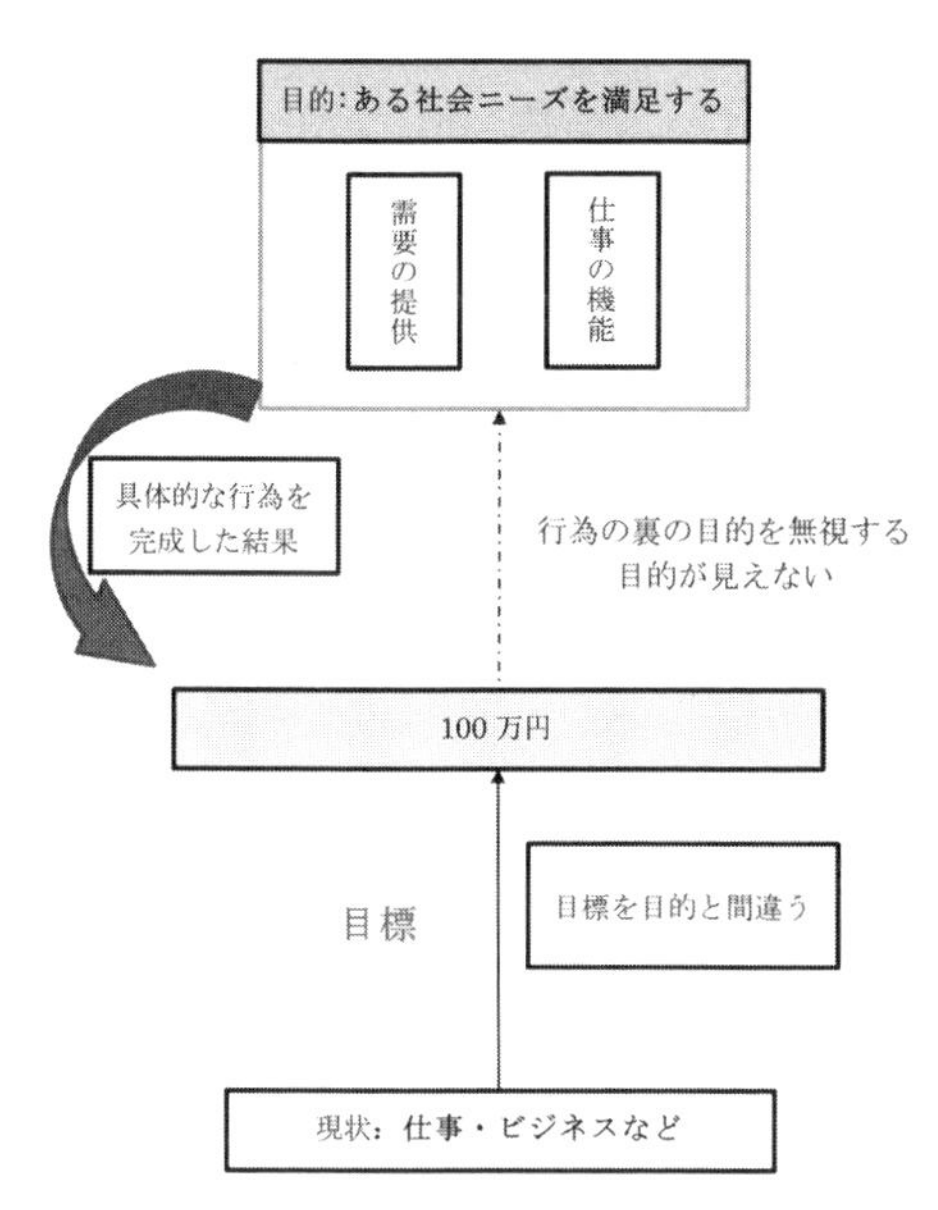

図1—9　目標と目的の区別②

過程であり、一時の中間値なのです。目的とは目標に向かうための方向役割を果たすもので、それが目的と目標の区別です。しかし、日常生活では、仕事の目的を忘れて、おカネを儲けるために仕事をしてしまいがちです。図1—9に示すように、我々は、進むべき方向や自分自身を見失い、問題解決の真相を見つけることができなくなってしまうのです。

目標を目的と履き違えると、その結果も全く異なってしまいます。たとえば、レストランの目的を、顧客のニーズを満足させることとしたら、どんな顧客にどんなサービスを提供していくかを考えなければなりません。また、どのようにサービスレベルを向上させるかを考え、レストランの質を向上させなければなりません。口コミが広がって顧客が増え、１００万円を儲けるという目標が達成されます。

それに対して、もし、おカネを儲けることを目的としたら、いかにコストを減らして、売上をアップさせるかを考えることでしょう。これでは顧客のニーズを考えておらず、顧客の健康も考えていません。そうした目的は、レストランの正しい目的とはかけ離れています。一時的におカネは儲かるかもしれませんが、長期的な持続は不可能です。

以前日本の飲食店でも、外国の鶏肉を使っていた商品の販売が停止になった事件がありました。一部の海外の業者が、飼育（しいく）している鶏に健康に害を与えるような物質を大量に投与しながら飼育していたことが発覚したのです。このような問題が出てきた原因の一つは、経営の正しい目的や方向を把握できなくなったからです。経営者がその能力を間違っている方向に向けると、人間の生活の質やニーズを考えずに、さまざまな手段を考えておカネを儲けようとします。間違った方法でおカネを儲けると、社会には様々な問題が発生します。もし、力を正しい方向に向けて、国民の健康やクオリティ・オブ・ライフ（ＱＯＬ）のためにサービスをうまくマネジメントし、国民のニーズを満足させるのであれば、先に述べたような悲劇はなくなることでしょう。

義（目的）は志（目標）の方向である

目的と目標を間違うと、方向も間違ってしまいます。注意すべきこと、重視すべきことを見ようとしても、見えなくなります。目的と離れた目標を追求することは、それこそ本末転倒です。図1—10を弓道として考えると、目（問題意識）、矢（目標）、的（目的）という3つの点が真っ直ぐな線で重なりあった時はじめて、的を射ることが可能なのです。正しい目的がなければ、目標がぶれて、結局本来の機能や目的から離れてしまいます。

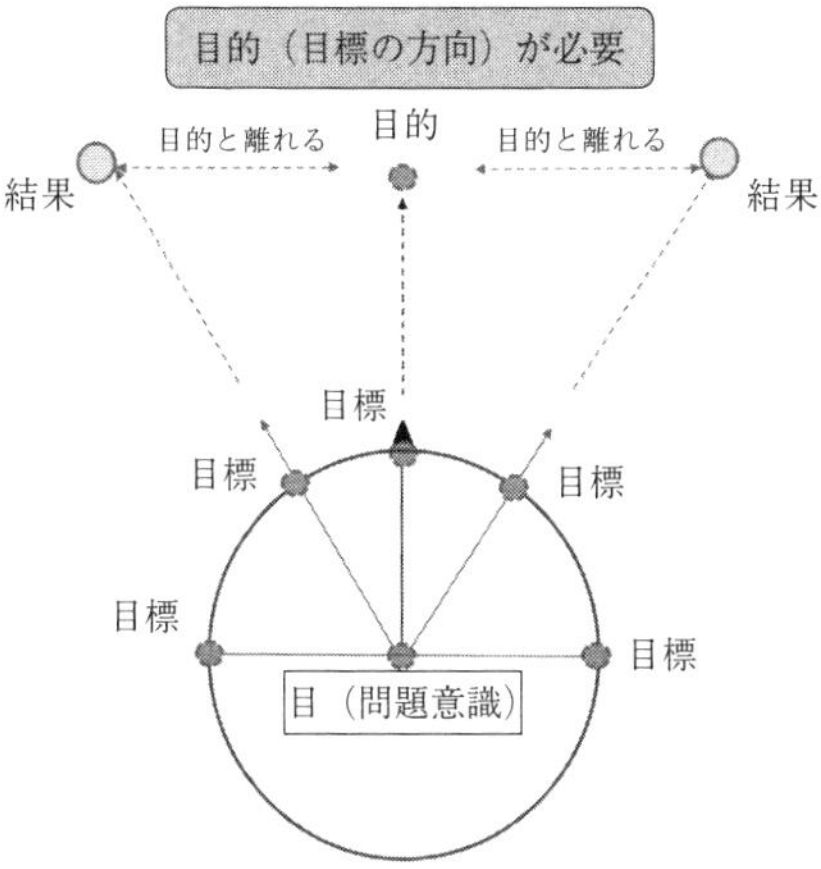

図1—10 目標の方向性

目的及び目標の関係について、孔子は、別の角度からうまく説明しています。弟子子貢の質問に対して、以下のように述べました。

子貢が〈仁のことをおたずねして〉「もし人民にひろく施しができて多くの人が救えるというのなら、いかがでしょう、仁といえましょうか」といった。

先生はいわれた、「どうして仁どころのことだろう、強いていえば聖だね。尭や舜でさえ、なおそれを悩みとされた。そもそも仁の人は、自分が立ちたいと思えば、人

を立たせてやり、自分が行きつきたいと思えば、人を行きつかせてやって、〈他人のことでも自分の〉身近かにひきくらべることができる、〈そういうのが〉仁のてだてだといえるだろう。」（雍也第六―三十）

この話の意味は、聖人は他人にモノをあげるが、見返りを求めないということですが、これは、仁が他人を助けて成功をさせると、自分も成功するということです。この文は幾分理解しにくいと思います。なぜ自分が成功したいにも関わらず、まず他人を成功させるのでしょうか？　システムマネジメント論あるいは問題解決の視点からみると、つまりこういうことです。仁はまず他人のニーズを満足させ、他人の目的を達成することで、自分の目標や目的も達成できるというのです。ですから、孔子は仁を一つの目標として強調していました（その他の意味は「仁」の章を参照）。

先生がいわれた、「本当に仁を目ざしているのなら、悪いことはなくなるものだ。」（里仁第四―四）

再びレストランを例にして説明します。100万円儲けることを目標にしたとしたら、100万円分の顧客のニーズを満足させれば、自分の目標も達成できます。つまり、自分の目標や目的を達成するには、まず他人（顧客）のニーズを満足させ、他人（顧客）の目的を達成することです。

グーグル、ヤフー等の会社も、「ユーザーに情報を提供すること」を目的に定め、まずユーザーのニーズを満足させることで、自分の利益も上がり、発展が可能になります。まさしく「他人を助け成功をさせると、自分も成功する」という表現通りの事例ではないでしょうか。

とはいえ、検索サービス企業の例は少し違うかもしれません。企業と顧客に直接の利益関係が発生していないからです。企業が顧客と直接利益関係がある場合、顧客に質のいい製品とサービスを提供し、顧客の目的達成に役立ったなら、顧客も企業の製品を使い、企業のサービスに報いてくれるでしょう。結果、企業は発展していくでしょう。成功している企業は、顧客にいいサービスを提供しているからこそ、成功したのです。たとえば、レノボは、顧客に期待通りのパソコンを提供すれば、顧客も満足・安心に使用し、またレノボのパソコンを買ってくれることで、レノボ自身も発展できます。こちらも「他人を助け成功をさせると、自分も成功する」が当てはまるのではないでしょうか。

これらの例から、おカネを儲けることは、会社や仕事の目的ではなく、あくまでも社会のニーズを満足させた結果であり、また、ビジネスで成功したければ、どれぐらい他人の役に立てるかという物事の目的を考え、方向を確認してから、目標を定めることの重要性が理解できたかと思います。

次に、どのように目標を達成するかを考えなければなりません。

道　問題をたえず解決する

先生がいわれた、「君子は道を得ようとはつとめるが、食を得ようとはつとめない。〈食をえようとして〉耕していても飢えることはあるが、〈道をえようとして〉学んでいれば、俸禄はそこに自然に得られる。君子は道のことを心配するが、貧乏なことは心配しない。」（衛霊公第十五―三十二）

目標には、正しい方向だけではなく、実現のための正しい方法も必要です。目的だけを重視すれば、水面に映った月をすくい上げようとするようにムダな努力になるおそれがあります。正しい方向に向かって正しい方法を追求すること、それが孔子の言う「道」にあたります。

先生がいわれた、「富と貴い身分とはこれはだれでもほしがるものだ。しかしそれ相当の方法〈正しい勤勉や高潔な人格〉で得たのでなければ、そこに安住しない。貧乏と賤しい身分とはこれはだれでもいやがるものだ。しかしそれ相当の方法〈怠惰や下劣な人格〉で得たのでなければ、それも避けない。」（里仁第四―五）

目的・目標を達成するために使われる正しい方法あるいは手段が、「道」です。ここでは「道」を「正しい方法で事物の質を向上させ、事物の状態を改善し、事物の本質や真理を追究すること」と理解します。つまり、孔子の「道」は、真理、本質、規律、方法、手段などと解釈できます。日常生活における「道」には、具体的な形・姿が必要で、各業界でもそれなりの表現があります。たとえば、ビジネスの世界では「商道」があり、生け花の世界では「華道」があります。健康にも道があります。その道に反すれば、結果が逆のものになってしまいます。

レストランを例にすると、レストランの目的である社会のニーズを提供することが「義」で、１００万円を儲けることが目標、すなわち「志」、それに対して、「道」は、経営能力、料理の質、サービスレベルの向上、そしてレストランを理想の状態にすることです。利益やおカネを中心にするばかりでは、結果は本末転倒になってしまいます。ですから、日常生活においては、明確な目標を立てたらその次には、方法をしっかり考えなければなりません。

道を追求する方法

孔子は、我々が仕事をするときに、「道」を守ることを教えてくれるだけではなく、どのように「道」を追求するか、どのように「道」を達成するかということも教えてくれています。

子夏がいった、「職人たちは仕事場にいてそれでその仕事をしあげる。君子は学問してそれでその道をきわめる。」（子張第十九―七）

ここでは、孔子の弟子が我々に「道」を達成するために、まず行動しなければならないと教えてくれます。行動がなければ、永遠に終点に到着できない、目標を実現できないわけです。行動とは、絶えず学習し、自分の能力や技能を訓練し、改善・進歩していくことです。孔子は顔回（字を淵とし、顔淵とも呼ばれる）を高く評価し、顔回は絶えず学習し、進歩していて、止まることがないといいました。

先生が顔淵のことをこういわれた、「惜しいことだ〈彼の死は〉。わたしは、彼が進むのは見たが、止まるのは見たことがない。」（子罕第九―二十一）

孔子は『論語』でよく「進」と「改」に言及しており、絶えず進歩し、絶えず改善するからこそ、「道」を達成できると言っています。一部の人は孔子を保守派でいいかげんだなどといいますが、それは大いなる誤解です。ここで、あるメーカーがモノづくりの道を追求する（絶えず改善する）事例を述べます。

ある大手企業の工場では、カメラを生産するラインにおいて、他の製品を生産するための段取りに8時間かかっていたところを、最終的に10分程度で行えるようにするのに18年かかりました。その工場は、絶えず生産ラインを改善していて、生産方式を改善しています。同じ工場で、ゲーム機器を生産する効率は、1995年の一人1日250台から、2001年には一人1日1200台程までに向上しました。効率は何倍もアップしましたが、人件費はまったく増加していませんでした。

その工場のもともとの生産ラインでは、動いているベルトコンベア上の部品を組み立てていました。生産ラインはチェーンのようにつながっており、その中の一番弱い部分、つまり、ボトルネックがこの生産ラインの効率を決めるわけです。人間の仕事の能力には必ず差があります。生産ラインにおいては、能力の一番劣る人がその生産ラインの効率を決めるのです。その状態を改善するためには、生産ラインの設置・位置・スタッフの立ち位置などを改善しなければなりません。このように、その工場は絶えず生産方式を変え、生産効率を向上してきました。これは、モノづくりの「道」だと言えるでしょう。

将来の中国の労働力不足を解決するため、一人っ子政策をやめるというニュースを見たことがあると思います。しかし、労働力不足という問題の解決のためには、単に子供を産むということではなく、生産効率を向上させることこそ重要な方法でしょう。子供を産むことで、労働力不足を改善するという考えは、頭が痛いから頭を治療するまさに対症療法的な問題解決方法でしょう。

「道」を追求するとは、絶えず現状を改善し、より高い目標を追求し、問題を発見し、今存在する物事に対して問題意識をもち、より良い問題解決方法を見つけることです。しかし、それをやり遂げるのは困難を伴います。「道」は継続していかなければならないし、絶えず進歩していかなければならないからです。一朝一夕（いっちょういっせき）にできることではありません。

先生がいわれた、「善人にはわたしは会うことはできないが、常（つね）のある人に会えればそれで結構だ。」（述而第七―二十五）

継続が簡単なことではないからこそ、継続して、目標を実現した人が成功者になるのです。ふだん我々はちょっとしたことでも、継続的にやっていくことがなかなか難しいということがしばしばあります。まして、それを習慣として続けていくことはもっと難しいでしょう。たとえば、ダイエット、断酒、禁煙等は健康にいいと知っているにもかかわらず、それらを続けるのは実に大変です。なかなか継続できないからこそ、「努力をすれば報われる（天道酬勤）」という言い方があるのでしょう。（第4章「時」を参照）

中庸　問題解決の最適化及びその結果

絶えず改善や学習を継続すれば、進歩し、環境の変化、時代の変化に追いつくことができるのは、いつの時代、どの業界でも言えることです。それが「道」です。絶えず改善・進歩していく「道」の次は「中庸」という概念を説明しようと思います。なぜなら「道」と「中庸」はしばしば矛盾している概念だと捉えられることが多いからです。

千年間誤解され続けた中庸

『論語』においては、相互矛盾している部分がしばしば見られるようです。『論語』では話の背景や動機などが詳しく述べられることがあまりないからです。孔子の真意は分かりにくく、誤解されやすいのですが、その中でも誤解されやすい概念が、「中庸」です。

先生がいわれた、「中庸（ちゅうよう）の道徳としての価値は、いかにも最上だね。だが、人民のあいだにとぼしくなってから久しいことだ。」（雍也第六―二十九）

孔子は、「中庸」が非常に大事だと思っていましたが、みなさんがきちんと理解されていないと言っています。歴史からみれば、「中庸」は確かに世の中に正しく理解されておらず、誤解もされていました。「中庸」の解釈とは一般的にはバランスとれた状態のことであり、上でも下でもなく、前でも後ろでもない、つまり折衷的ということであり、悪く解釈すれば仕事をごまかす、大雑把、適当ということでもあります。そうした理解のせいで、孔子の思想が批判されたことも過去にはあります。

先に述べた理解は、主に宋の時代、朱子の「中庸」に対する解釈に影響されています。朱子の解釈とは、「不偏不倚、過不及のない平常の道理」です。彼の解釈は、後世に大きな影響を及ぼしていますが、当時の時代背景や、個人の主観的な論調で語られています。ですから、彼の解釈を参考にしつつも、そのまま用いたり、解釈者の理解の上にとどまっていてはいけません。彼の解釈では、「中庸」とはバランスや調和のとれた状態であるという解釈にとどまっているからです。それは、「中庸」というものの一部を述べているにすぎず、その本質やすべてを表しているとはいえないからです。

中庸の本質とは何か

では、「中庸」とは一体何でしょうか。『論語』では直接「中庸」の概念は述べられていませんが、「中庸」に関して触れている箇所があります。以下に紹介します。

子貢（しこう）が、「師（し）（孔子の弟子）と商（しょう）（孔子の弟子）とではどちらがすぐれていますか」とたずねた。先生は「師はゆきすぎている、商はゆきたりない」といわれた。「それでは師がまさっているのですか」というと、先生は「ゆきすぎたのはゆきたりないのと同じようなものだ。〈どちらも中庸をえていない〉といわれた。（先進第十一―十六）

図1―11に示すように、「過ぎ」も「及ばない」もどちらともよくない状態であり、最善な性格から

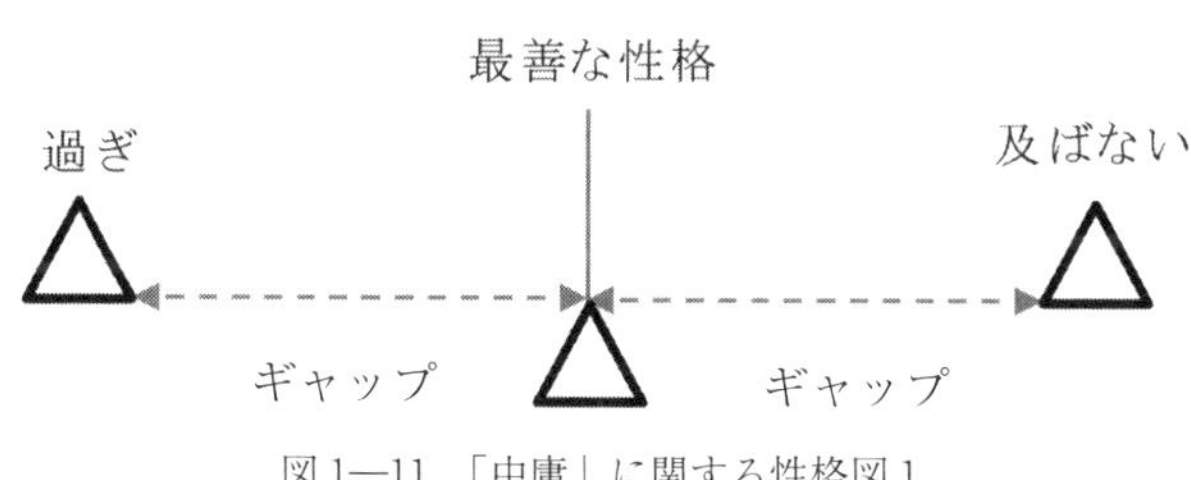

図1—11 「中庸」に関する性格図1

離れています。ここで、孔子は具体的な解決方法を述べていませんが、別の問いに対する答えの中で、解決方法を述べています。それは「中庸」の方法論でもあります。

子路(しろ)が「聞いたらすぐそれを行いましょうか」とおたずねすると、先生は「父兄といった方がおいでになる。どうしてまた聞いてすぐにそれを行なえよう」といわれた。

冉有(ぜんゆう)が「聞いたらすぐそれを行ないましょうか」とおたずねすると、先生は「聞いたらすぐそれを行なえ」といわれた。

公西華(こうせいか)はいった、「由(子路)さんが『聞いたらすぐそれを行ないましょうか』とおたずねしたときには、先生は『父兄といった方がおいでになる』といわれたのに、求(冉有)さんが『聞いたらすぐそれを行ないましょうか』とおたずねしたときには、先生は『聞いたらすぐそれを行なえ』といわれました。赤〈このわたくし〉は迷います。おそれいりますがおたずね致します。」

先生はいわれた、「求は消極的だから、それをはげましたのだが、由は

人をしのぐから、それをおさえたのだ。」（先進第十一―二十二）

孔子が、違う弟子が言った同じ質問に対して、異なる答えを言ったことは、そばにいる弟子を迷わせます。どうして、「中庸」をつかって問題を解決しようとするのでしょうか。すなわち、どうして、「進」で「退」を解決し、「退」で「兼」を解決するのでしょうか。孔子は、中間派のために「中庸」を使うわけではありません。

図1―12に示すように、逆に、「中庸」を利用してもっとも適した問題解決の方法を見つけ出し、それで問題を解決したのです。孔子の言う通り、子路はやりすぎるから、それを抑えるような方法をとったのに対して、慎重すぎる冉有に対してはそれを励ますような方法をとりました。異なる答えを出したのは、性格の違う2人に対して、各人の状態に合う最適な解決方法を出したためです。2人の性格をきちんと把握しているからこそ、そのような答えを出すことができるのです。やりすぎを抑えて、不足を補うことは、問題を解決する最良の方法であり、単なる中間派、折衷派ではありません。

しかし、その主旨が伝わらず、折衷派、保守派だと見なされやすいわけです。まさしく孔子が「中庸の道徳としての価値は、いかにも最上だね。だが人民の間にとぼしくなって久しいことだ」と言ったとおり、「中庸」を本当に知っている人間はとても少ないということです。

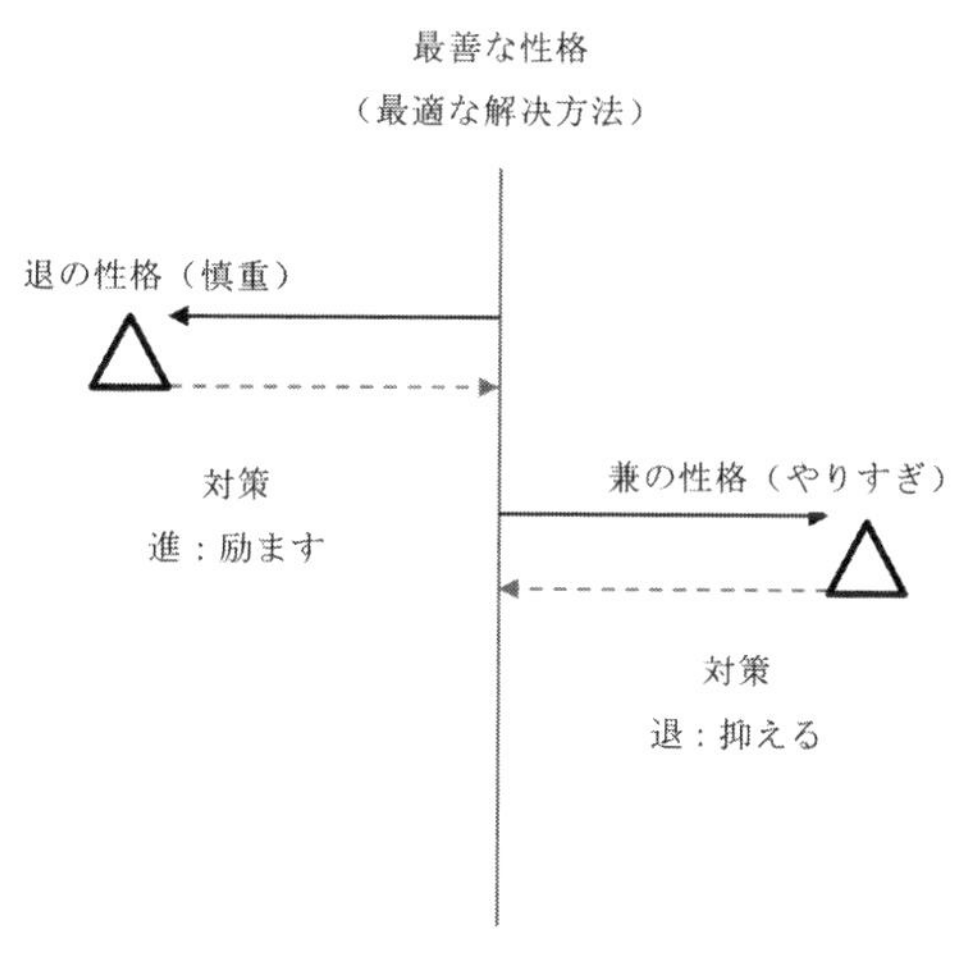

図1―12　中庸に関する性格図2

最適化（最適な問題解決方法及び結果）である「中庸」は、方法論（最適な問題解決方法）だけではなく、物事の最適な表現状態であり、最適な問題解決方法で問題を解決した結果（ある理想形）でもあります。中国では広く知られた熟語「文質彬彬」が「中庸」に対する見方を反映しています。

先生がいわれた、「質朴さが装飾よりも強ければ野人であるし、装飾が質朴よりも強ければ文書係りである。装飾と質朴とがうまくとけあってこそ、はじめて君子だ。」（雍也第六―十八）

「中庸」を人間に当てはめると「君子」として表現されます。君子は「質」と「文」という両面でバランスが取れていなければなりません。「文質彬彬」が人間の最適な状態であり、最適な表現でもあります。

要するに、「中庸」は調和とバランスがとれた事物の最適な状態であり、また、その最適な状態を達成するための最適な問題解決方法でもあります。しかし、仕事をする際、やり過ぎるわけでもなく、慎重すぎるわけでもない最適なバランスで調和している状態で、最適な問題解決方法を使って達成できるという「中庸」の本質は、しばしば無視されます。さらに、右でも左でもないバランスのとれた状態は、しばしば、大雑把(おおざっぱ)、向上心がないと思われがちです。それらは、「中庸」のきわめて表面的な理解であり、誤解しているとも言えます。真の「中庸」ではありません。

中庸と道の関係

もし、向上心がない「中庸」であるならば、孔子の言う「進」や「道」と矛盾します。実際は、矛盾どころか、むしろ「中庸」は「道」と互いにつながっているのです。「道」の中に「中庸」があり、「中庸」の中に「道」がある、二つの理念が一体となっているのです。

「道」は、真理、規律、本質、方法、手段、また本質及び最適な状態を追求する過程を含めていることに対し、「中庸」は、その過程のある段階における最適な状態及び最適な問題解決方法であり、「中庸」を追求することは「道」を追求することを体現していると言えます。もし、「道」が線であれば、「中庸」はその線の中の点となります。「道」は「中庸」を含めているに対して、「中庸」は「道」を体現し、具

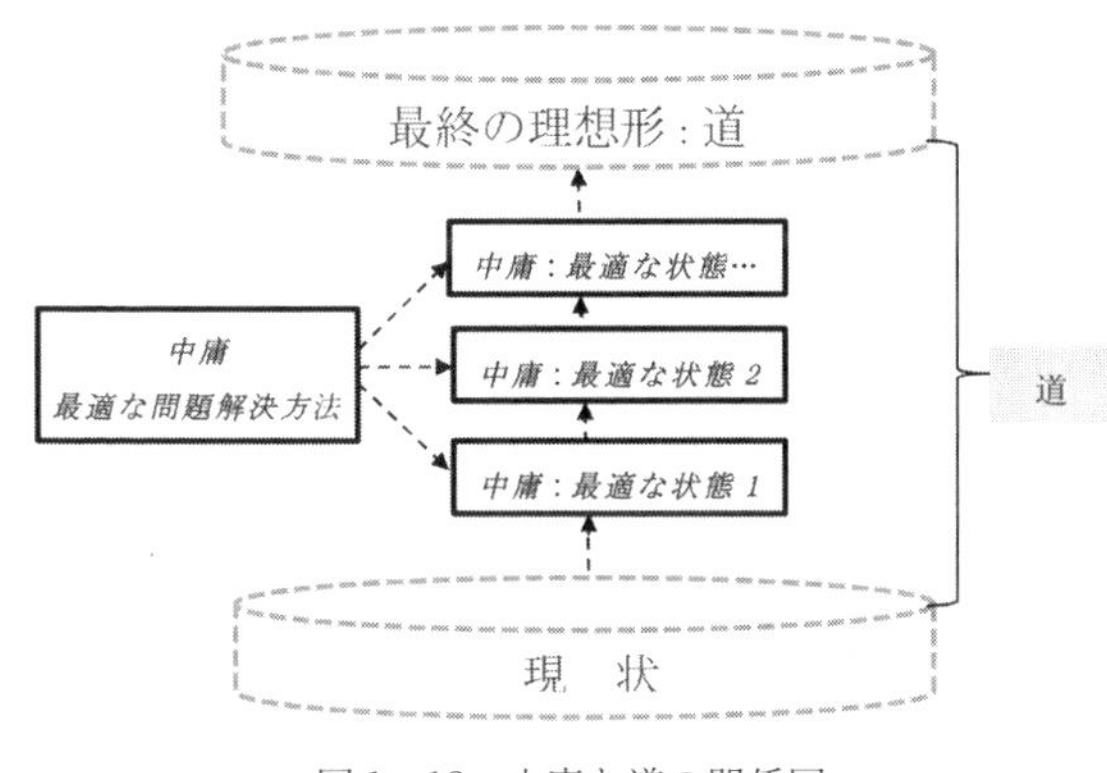

図1―13　中庸と道の関係図

体的な「道」の一つです。

図1―13に示すように、「中庸」は物事の各段階における最適な問題解決方法及び最適な状態であり、「道」は絶えず「中庸」を使って物事の最終的な理想状態及び本質を追求します。「中庸」は最適な問題解決方法で「道」を達成する過程における段階の最適な状態ですが、「道」は物事の最終理想状態及び物事の本質です。同時に「道」は、絶えず現状を改善してよりよい問題解決方法を見つけ、理想状態を達成する過程でもあります。

企業を例にしましょう。企業の製品品質やサービスの品質、開発、販売、財務、イノベーション等各部門の能力は異なります。「中庸」は各部門の最適なバランスや調和のとれる状態を見つけます。企業は、発展の各段階において直面している問題も異なるため、各段階における最適な問題解決方法や最適な状態（中庸）を見つけるために、絶えず努力し、学習し、

図1―14　中庸を表す華道の作品（安藤順甫 作）

改善し、「道」を追求しなければなりません。

さらに、「華道」を例にします。「華道」は、草、花、木などを使って事物の美しさを表現し、事物の美を追求することです。「華道」においては、草、花、木などには自分の役割があり、天地人と喩（たと）えられます。「華道」の精粋（せいすい）は、草、花、木などの組み合わせのバランスで、「中庸」は、一つ一つの作品のバランスを見つける最適化（最適な問題解決方法）と、その最適な状態を指します。「華道」は、「中庸」を表現した一つ一つの生け花の作品の中に存在しており、図1―14に示すように、草、花、木などの組み合わせを通じて、全体のバランスや調和の美しさを表現します。

孔子の「志」は、「道」だけではなく、「仁」でもあります。「道」は事物の「道」であり、「仁」は人間の「道」です。「仁」が何であるかについては、次章で述べていきます。

第2章 仁 個人の社会責任に関する問題意識

仁の定義は千年の謎

「仁」は孔子が追求していた目標の一つで、人間としてあるべき理想の道徳です。「仁」は『論語』で頻繁(ひんぱん)に言及されている主要な理念であり、孔子的問題意識において重要な位置を占めています。しかし、「仁」の概念・定義は、これまで従来の儒家を悩ませている難題でした。なぜなら、弟子が「仁」について尋ねると、孔子はそれぞれに対して異なる答えを出しますし、同じ弟子に異なる答えを出すこともあります。「仁」とは何でしょうか。『論語』には、明確で本質的な説明がないので、後世の「仁」に対する解釈もそれぞれ異なってくるのです。

孔子が「仁」に関する質問に対して、異なる答えを出す理由の一つに、言語の曖昧さがあります。言語は事物をはっきりと説明できないことがしばしばあります。たとえば「赤」には、厳密にいえば、いろいろな赤があります。自分が言いたい赤が、他人（相手）も見たことがあり、知っている場合は、それがどういった赤なのかわかります。そうでなければ、その赤は、どんな赤か、相手には伝わりにくいでしょう。

赤はまだ客観的なもので説明しやすいですが、これが抽象概念となると、説明はより難しくなります。

図2—1 若い年齢図

たとえば、「若い」とは何でしょう。図2—1に示すように、若いとは何歳でしょうか。10代？ 20代？ 30代？ あるいは40代？ また、どんな状態が若いといえるでしょうか、考え方が若々しいといいますが、どんな考え方が若々しいのでしょうか、これらをはっきりと説明をすることは困難です。ある程度のところまでは説明できるでしょうが、完璧な説明をすることはおそらく無理です。「若い」ということの本質は、なかなか把握できないわけです。他の抽象的な概念、たとえば、精神、責任、愛、感情なども同様です。

「仁」も同じく抽象的な概念で、それが何かということは、言葉では説明しにくいものです。さらに、孔子の時代においては、「仁」の概念・定義に相当する言葉がありませんでした。ですから、孔子は、弟子が「仁」とは何かと問いた時、非常に具体的な事例を、弟子の性格・特徴に従って説明したのです。その答えは様々ですが、その中にひとつ中心的・本質的な「仁」の概念・定義が隠れています。

仁とは個人の社会責任

顔淵が仁のことをおたずねした。先生はいわれた、「〈内に〉わが身をつつしんで〈外は〉礼〈の規範〉にたちもどるのが仁ということだ。一日でも身をつつしんで礼にたちもどれば、世界中が仁になつくようになる。仁を行うのは自分しだいだ。どうして人だのみできようか。」（顔淵第十二―一）

一番好きな弟子の「仁」とは何かという質問に対して、孔子はこう答えを返しました。一般的な解釈は、自らの欲望を抑え、社会の礼に合わせることを「仁」と言います。ここで孔子は「仁」を具体的な例を出して説明していますが、根本的な定義がされておらず、読者の方も狐につままれたような気分かもしれません。どうして、「**わが身をつつしんで礼にたちもどるのが仁ということだ**」、また、「**一日でも身をつつしんで礼にたちもどれば、世界中が仁になつくようになる**」といえるのでしょう。この考え方は後世の儒家をも非常に困惑させる、解釈しにくいものなのです。

「礼」とは、社会における習慣、制度、規則、ルールなどを指します。また、礼の視点からみれば、個人の行為は礼に属する行為（礼の行為ともいいます）と、その他の行為に大別することができます。礼の行為は、人々が共に遵守する行為であり、社会において許容されている行為であり、これがすなわち「礼」です。図２―２に示すように、「礼」は皆さんが共に遵守する・許容されている行為であり、また人間の一般行為です。図の中心部分がそれにあたります。

図２―２に示すように、個人Ａや個人Ｂなどの行動の一部は礼の領域に入っており、他の一部の行

動はその他の領域に入っていて、礼を守っていない状態になっています。すべての行動を礼の領域に入れようとすることは、「**わが身をつつしんで礼にたちもどる**」ということであり、これがすなわち「仁」です。

「**わが身をつつしんで礼にたちもどる**」は、自らの行為を社会の「礼」（ルール・制度など）に合わせ、自らの行為に責任を持つこと、と解釈できます。自らの行為に責任を持つと、社会においても責任を持つようになりますし、「社会」よりも広い意味である「天下」、つまり世の中にも責任を持つことになります。よって、「**わが身をつつしんで礼にたちもどる**」とは、自らの行為に責任を持ち、同時に社会においても責任を持つということです。言いかえれば、自らの行為が「礼」に反さないようにするということです。この意味では、「仁」は個人の社会的責任であると言えます。自分の行為が社会に及ぼす影響や、社会に害を与えるかどうかを意識すれば、自分の行為に責任を持つようになります。それは、社会にも責任を持つということでもあり、そして、天下（の物事）を仁の対象とすることでもあります。

もし、社会の「礼」（社会共通の行為）に違反すれば、その行為は自分の領域さえ侵害されることになります。それゆえに、自らもそうした行為に対して警戒し、責任感をもつようになります。それが、「**一日でも身をつつしんで礼にたちもどれば、世界中が仁になつくようになる**」といわれる所以です。図2—2に示すように、白い三角形（礼に反する行為）が中心の共同地域（礼の部分）に侵入してしまうと、社会が共に遵守する部分（「礼」）は、侵害されてしまいます。老人虐待、子供虐待などは社会の基本的

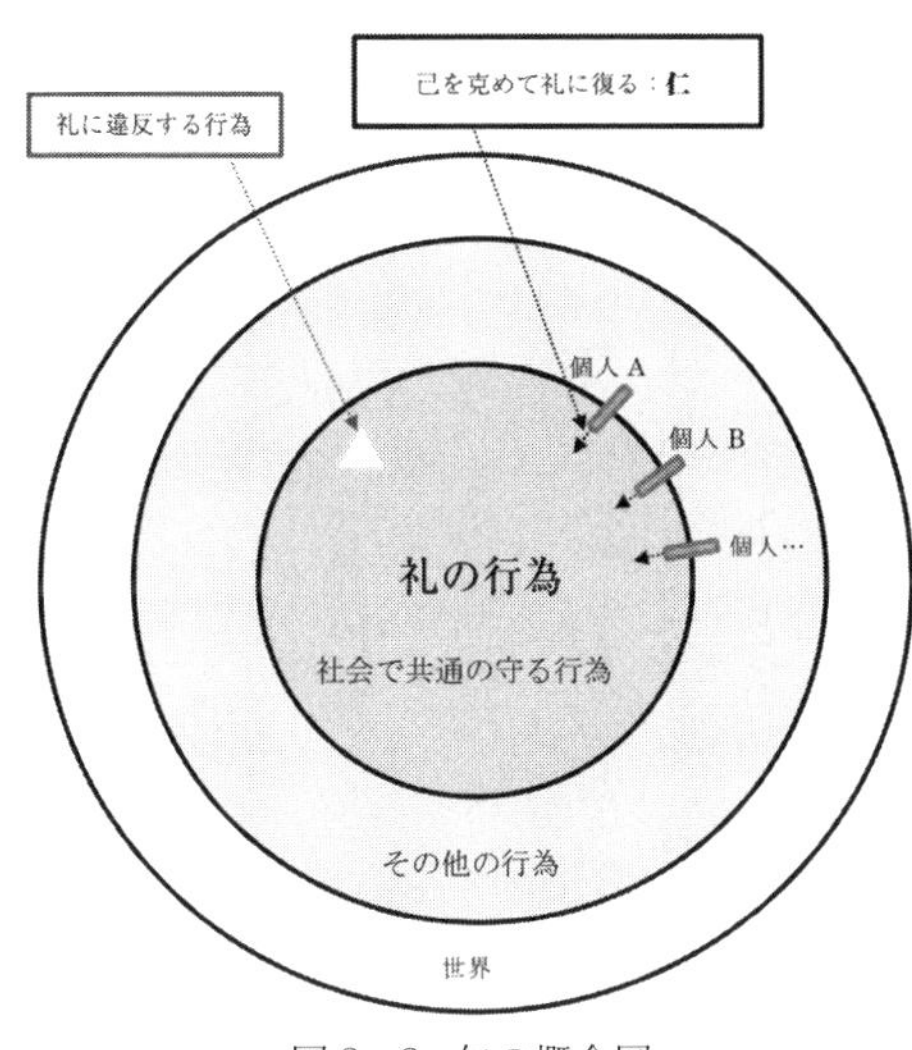

図２—２　仁の概念図

な道徳に反した行為といえるでしょう。

なお、「**一日でも身をつつしんで礼にたちもどれば、世界中が仁になつくようになる**」という文は主語がありませんので、主体は自分一人と解釈することもできますし、すべての人々と解釈することもできます。もし天下（世の中）の個人おのおのが「**わが身をつつしんで礼にたちもどる**」をなすことが出来れば、天下（世の中）は一つの責任ある世界になる、というふうに解釈できます。

個人の社会的責任である「仁」は『論語』に一貫して流れている思想です。たとえば孔子と陽貨（ようか）のこんな会話があります。

陽貨が孔子に向かっていうには、「さあ、わし

はあなたと話をしたい。一体、宝を胸にいだきながら国を乱れたままにしておいて、仁といえますか。もちろんいえない。」（陽貨第十七―一）

この会話の意味は、「君は能力があるのに、自らの国を治めようとしない、よりよい組織にしようとしない、これでは『仁』とはいえない」という意味です。孔子は、個人の「宝」を「仁」によって社会とつなげ、社会に貢献させることを説きました。

また、孔子は、弟子の質問に答えたときにも、間接的に社会・天下・人類に対する責任について言及しています。

先生はがっかりしていわれた、「鳥や獣とはいっしょに暮らすわけにはいかない。わたしはこの人間の仲間といっしょに居るのでなくて、だれといっしょに居ろうぞ。世界中に道が行われているなら、丘（孔子自身）も何も改めようとはしないのだ。」（微子第十八―六）

孔子は、天下（世の中）の問題を自分のなすべき問題であるとみなし、生涯努力する（**世界中に道が行われているなら、丘（孔子自身）も何も改めようとはしない**）ことは、まさに「仁」を体現するものであり、すなわち個人の社会的責任でもあると言っています。

次に、孔子の弟子である樊遅（はんち）が「仁」について３回訪ねたときの孔子の３つの異なる答えを見てみましょう。

樊遅が仁のことをおたずねすると、先生は「人を愛することだ」といわれた。（顔淵第十二―二十二）

樊遅が仁のことをおたずねした。先生はいわれた、「家にいるときはうやうやしく、仕事を行うときは慎重にし、人と交際しては誠実にするということは、たとい（野蛮（やばん）な）夷狄（いてき）の土地に行ったとしても棄てられないことだ。」（子路第十三―十九）

樊遅が仁のことをおたずねすると、先生はいわれた、「仁の人は難しい事を先きにして利益は後のことにする、それが仁といえることだ。」（雍也第六―二十二）

一つ目の句では、「仁」は人間を愛することを指します。「仁」という文字は、「人」と「二」により構成されており、つまり２人（自分と他人）によって成り立つ意味であり、人間の間には愛が必要であるということです。人を愛することは、他人を助け、他人にいい生活をさせ、他人を守り、他人に責任を持つということです。「人を愛する」を「社会のすべての人を愛する」と拡大解釈するならば、人を愛するということは、社会の何人にも幸せな生活をさせ、社会に責任をもち、社会に貢献するということ意味になるでしょう。

二つ目の句は、「仁」の具体的な行動を体現すること（恭・敬・忠）を説明しています。つまるところそれは世の渡り方です。それは他人と一緒にいるときに良好な関係を保つことともいえ、また他人と共に仕事を順調に行うことともいえます。あるいは、何か仕事をするにあたっては責任感を持ち、仕事をしっかりやることともいえます。仕事の良し悪し（善悪）は社会につながっていますから（社会のニーズを満足させること）、仕事をきちんとすることは、社会に責任を持つことになります。

三番目は、「仁」の具体的な行動で、まず仕事を行い（社会のニーズを満足させること）、その後に自らの報酬を得よということであり、「自分が立ちたいと思えば、人を立たせてやり、自分が行きつきたいと思えば、人を行きつかせてやる」という言葉のように、まず自身が仕事のすべて（社会のこと）について責任を持たなくてはならないということです（他人の目的を満足してから、自分の報酬をもらう）。

孔子の3つの答えは、異なる3つの表現で同じ本質を説明しています。要するに、自らがなす事に責任、特に社会的責任を持つということです。

なお、弟子司馬牛の質問に対し、孔子は、「仁」とは自分の発言に慎重であることと答えました。それは、自分の言った事に責任を持つと理解することもできます。

司馬牛(しばぎゅう)が仁のことをおたずねした。

先生はいわれた、「仁の人はそのことばがひかえめだ。」

「そのことばがひかえめなら、それで仁といって宜しいのでしょうか。」

先生はいわれた、「実践が難しい〈と思えば〉、ものいうこともひかえないでおれようか。〈そこが大切なところだ。〉」（顔淵第十二―三）

我々は、自分の仕事をするときには、それに対して責任をもつことが必要ですが、これは基本的な責任でもあり、同時に社会的責任でもあります。なぜなら、己のなす事は、社会に多少なりとも影響を及ぼしているからです。ですから我々は自分で何かをするときに、それが社会に影響を及ぼす可能性を考慮しなければなりません。

孔子は、そうした強烈な個人の社会的責任感を持ちながら、社会問題を解決する方法を探していました。個人の社会的責任感がないのであれば、諸国をめぐって挫折を味わった時に、隠居して、社会の問題を問わないという行為を選ぶこともできました。しかし孔子はそうした道を選ばず、終始社会の問題をどのように解決すればよいか考え、尽力したのです。

問題意識においては、個人の社会的責任が非常に重要です。責任がなければ、非常に深刻な問題でも、自分には関係ないと思い、自ら解決しようとはしないでしょう。他人の問題なのだから自分には関係ない思えば、自ら関わることもないし、わざわざ時間を割いてまで解決することもないでしょう。

先生がいわれた、「仁は遠いものだろうか。自分から仁を求めれば、仁はすぐやってくるよ。」（述而第七―二十九）

「仁」を実行することは、自分次第です。すなわち、前にも述べたように「仁を行うのは自分しだいだ。どうして人だのみできようか」ということなのです。

では次に、個人の社会的責任（仁）というものがどのような場面で見られているか、詳しく述べていきます。

孝　親孝行は社会に対する責任

有子がいった、「その人がらが孝行悌順(ていじゅん)でありながら、目上にさからうことを好むようなものは、ほとんど無い。目上にさからうことを好まないのに、乱れを起こすことを好むようなものは、めったに無い。君子は根本のことに努力する、根本が定まってはじめて〈進むべき〉道もはっきりする。孝と悌(てい)ということこそ、仁徳の根本であろう。」（学而第一―二）

「仁」の、最も基本的な行為が「孝」です。家庭の中で両親等を尊敬し、家族の面倒をみて、責任を持つことです。「孝」は、家庭における一番の基本です。「孝」ができれば、家庭も安定します。家庭は社会の一部であり、家庭が安定すれば、社会もいずれ安定するでしょう。ですから、長期的な視点から見れば、「孝」は社会への貢献・責任です。

特に現在、高齢社会が急激に進み、お年寄りが増えています。社会的分業の発展や人口の移動により、若者とお年寄りとが一緒に住む家庭が徐々に少なくなってきています。お年寄りの面倒をいかに見るかということは、現在非常に重要な社会問題になっています。これは日本の問題だけではなく、世界中で直面している難題でもあります。特に、一部の先進国では、子どもがお年寄りと一緒に住む習慣がなくなったため、お年寄りの看護や介護などの日常的な仕事は、すべて社会に任せています。ですから、「孝」に注意を払うことは、社会に対する貢献でもあるのです。

忠　給料に対する責任

家庭においては「孝」が重視されますが、会社や社会、すなわち、他人との付き合いにおいては、どのような考え方が大事でしょうか？　孔子は、「忠」の原則・理念を重視します。

定公が「主君が臣下を使い、臣下が主君に仕えるのは、どのようにしたものだろう」とおたずねになったので、孔先生は答えられた、「主君が臣下を使うには礼によるべきですし、臣下が主君に仕えるには忠〈誠実〉によるべきです。」（八佾第三―十九）

この話で孔子は、上司と付き合う時には忠誠心を持って尽力していくことを提案しています。もちろん上司だけでなく、他人と一緒に仕事をするときにも、「忠」を守らなければなりません。

曾子がいった、「わたしは毎日何度もわが身について反省する。人のために考えてあげてまごころからできなかったのではないか。友だちと交際して誠実でなかったのではないか。よくおさらいもしないことを〈受けうりで〉人に教えたのではないかと。」（学而第一―四）

「忠」は他人と一緒に仕事をするときの態度であり、他人と一緒に仕事をするときに、力を尽くしたかなど日々自省しなければなりません。この点からみれば、「忠」は、他人に対する責任とも言えるでしょう。

忠を実行する行動

では、どうすれば、「忠」の行いができるようになるのでしょうか。孔子は、「忠」の最も基本的な表現が「言」（会話）と「行」（行為）だと言っています。

子張が〈思いどおり〉行われるにはとおたずねした。
先生はいわれた、「ことばにまごころがあり、行いがねんごろであれば、野蛮な外国でさえ行われる。」
（衛霊公第十五―六）

まず、「言」について説明します。「ことばにまごころがあり（言忠信）」は、自分が仕事上で話した言葉が真実・誠実で、同僚・他人に信頼される人間だと思われることが大事だということです。たとえば、どのように上司に報告するかを考えてみましょう。ありのままを報告するか、あるいはよくない情報を隠して耳ざわりのいい話だけを報告するか。日本では、上司とのコミュニケーションでは、報告・連絡・相談というホウレンソウがよく言われます。仕事においては、具体的な進捗状態事実を報告すべきです。

現場にいない上司の判断や意思決定に役立つように、部下は上司になるべく多く情報を提供すべきですが、その内容がホウレンソウというより他人の陰口であることが往々にしてあります。しかし実際には、報告と陰口は違います。報告は現状をそのままに上司に伝えること、一方の陰口は、他人の悪口や自分利益のために、個人的感情を交えて話すことです。

現場の真実を伝えなければ、上司の決定に影響を及ぶのは間違いありません。また、上司が頻繁に現場に向かわないのであれば、上司が伝えた情報も徐々に削られ、しまいにはまったく違った情報に変わってしまうかもしれません。我々は良い情報を好み、悪い情報を嫌うという性質がありますから、上司が好む情報だけを報告することになってしまいがちです。実際には、悪い情報が企業に致命的なダメージを与えることがしばしばあるのです。致命傷を避けるには、早めに上司に報告し、問題を発見し、解決すればいいわけです。客観的に現場の事実を報告することは、責任です。それができないというのであれば、責任感がありませんし、問題意識もないと言えます。

そんなにたいしたことではない、上司には報告しなくてもいい、と思うと、実際に報告しなくなってしまいます。しかし、上司が問題を見る角度と自分が問題を見る角度が違っていて、自分は、大丈夫だと思っても、上司から見れば問題があるという場合もあるかもしれません。会話においては、包み隠さず報告する「忠」が重要なのです。

通信技術・情報技術などの発展により、現場の状況や情報は、テレビ会議などで得られるので、企業の経営陣は現場を離れて管理している状態が徐々に増えつつあります。企業に大きな問題が発生したり、倒産したりする原因では、経営陣が現場の最前線の情報を把握していないことが挙げられます。経営陣が戦略・意思決定をするときに、情報が間違っていると重大な錯誤を招くからです。そこで、日本の企業では三現主義、すなわち、現状、現場、現実が重要となります。現場で起きている状態（現状）や物事（現物）を上層部に随時報告・連絡し、問題があれば相談することです。

また、「行」（行動）においては、孔子は「忠」を求めます。

子張が政治のことをおたずねした。
先生はいわれた、「位に居て怠(おこた)ることなく、事を行なうにはまごころですることだ。」（顔淵第十二―十四）

　管理をうまく進めるにはどのようにするのがよいかという弟子からの質問に対し、孔了は、「行動に尽力すること」と答えました。朱子は同じこと「己を尽くすをこれ忠と謂い」と言っています。みなさんも自問してください。自分は、会社のために、全力を尽くしたか、会社の発展を考えたことがあるか、会社が何のために我々を雇ってくれているか、会社がなくなったらどうするか、こうしたことを考えたことがありますか。日々の仕事で我々は指示されたことだけをやり、サボれるチャンスがあればサボり、他人にさせられることは他人にやらせる、などということをしてはいないでしょうか。「忠」が無ければ、我々は自分勝手なことをやるだけで、会社の発展だとか存続だとか、いったことは自分とは無関係だと思ってしまいます。
しかし、会社のことが自分のことだとすれば、会社の問題に責任を持ち、解決方法などを考えます。ゆえに、仕事で一番の基本は「忠」、すなわち、自らの役割に忠実であること、そして責任をもつことです。

信　自分が言ったことに責任を持つ

孔子は、仕事や世渡りには「忠」だけではなく、「信」も非常に大事であるといいます。

先生がいわれた、「忠と信とを第一にして、自分より劣ったものを友だちにはするな。あやまちがあれば、ぐずぐずせずに改めよ。」（子罕第九—二十五）

孔子は、「信」が人間の重要な部分の一つだとしていますが、「信」とはいったい何でしょう。

信の構造

「信」という文字は、左側が人で、右側が言、つまり人が言った言葉という意味です。これは自分が言ったことを自分で守るということです。図で表現すれば、図2—3のようになります。左の円は自らが言ったこと、右側のクレーの円は自らがやったこと、という二つの円形に分かれます。もし、自分の言ったことがやったことよりも大きい、あるいは、やったことと違う場合は、「信」とは言えません。もし、自分の言ったことがやったことと同じであれば、二つの円形は重なり、「信」といえます。なお、自分のやったことが言ったことをよりも大きいなら、謙虚な人ということになります。

自分が言ったことをやるのは、当たり前で簡単なことだと思われますが、なかなかできないものです。ですので、現実の社会では、言ったこととやったことがまったく違う人がたくさんいます。さらに、口は達者でも、やることがまったく違っていて、それでも自分は頭がいい、他人は頭が悪いから、だまされて当たり前だと思っている人もいます。

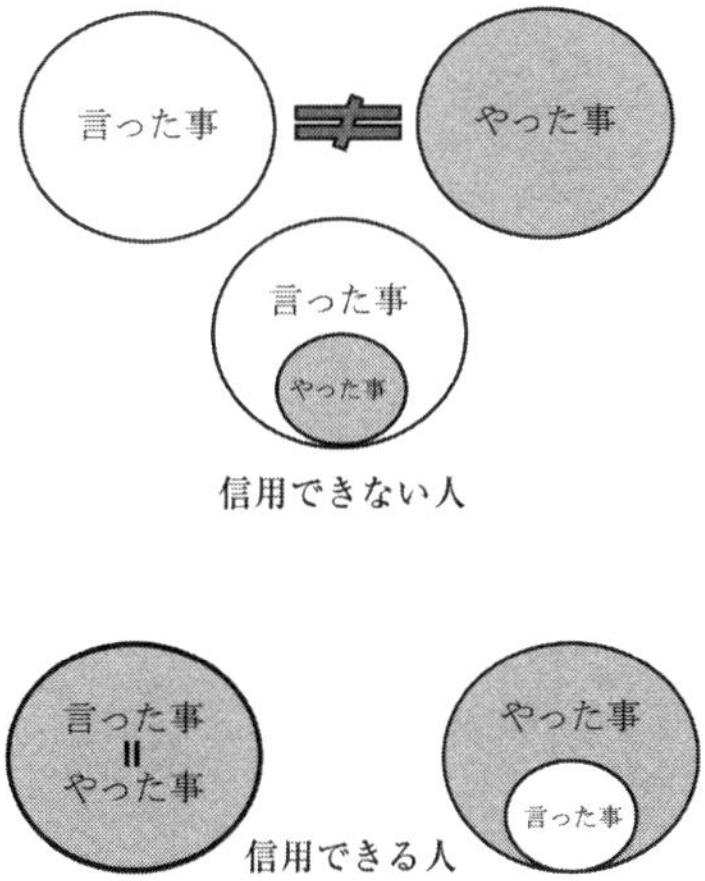

話は口だけ動かしていれば十分ですが、実際に行動に移すとなると、時間と労力がかかります。

「信」は、性格上の問題ということだけではなく、仕事においては、嘘をつけるときに絶対うそをつく、ごまかすことができれば、ごまかすという問題にも関わりがあります。また、製品においては、「信」がないと偽物が多く、品質が信頼できないという状態を生みま

図2—3 信の構造図

す。これでは橋が落ちて、道がへこみ、ビルが倒れてしまいます。社会全体が損害を受けます。このようなことが起こる原因は、言うこととやることが異なる人が多く、信用がないからです。

我々は、「信」の問題に直面しなければなりません。信頼を失うということの重大さを意識しなければなりません。

もし、だれも信用しない場合、この社会はどうなってしまうでしょうか？「信」がなければ、たとえば生活においては、食べ物が汚染されているのではないか、と心配になってしまうでしょう。

会社においては、ボスがスタッフに任せようとしない、何かにつけて干渉する、同僚間での連携・交流がない、利益や権力の奪い合いや相互不信、派閥争い等頻発。そんな会社でどうして仕事が順調にできるでしょうか？

ビジネスにおいては、相手がお金を払わないことを恐れるあまり商品を先に渡さない、逆に商品が受け取れないことを恐れてお金を先に渡さない、ということが起こるでしょう。「信」なくして、このような取引は成り立つのでしょうか？

家庭においては、夫婦間の信頼がなければ、お互いに疑い合うばかりで、一日たりとも心休らかにすごせません。

このような状態になってしまうと、（つまり「信」がなければ）、どんなに充実した世界であっても安心することができなくなってしまいます。道を歩いている時も、橋の上を歩いている時も、家にいても、常に不安を抱え、何かに怯（おび）える日々を過ごすことになります。

図2―4に示すように、もし社会が一つの「球体」だとし、一つ一つの白い点が一人の人間（信頼できない人間）だとします。もし社会に信頼できない人が存在すると、その点は空虚な、つまり落とし穴になってしまいます。信頼できない人が多ければ、社会は当然落とし穴だらけになり、いつ穴に落ちてしまうか不安になってしまい、どこへ行けばいいのかわからなくなってしまいます。

ゆえに、孔子は子貢の質問に答えた時に、「信」を最高の位置に置いたわけです。

図2―4 穴がある地球

子貢が政治のことをおたずねした。

先生はいわれた、「食糧（しょくりょう）を十分にし軍備を十分にして、人民には信を持たせることだ。」

子貢が「どうしてもやむをえずに捨てるなら、この三つの中でどれを先にしますか」というと、先生は「軍備を捨てる」といわれた。

「どうしてもやむをえずに捨てるなら、あと二つの中でどれを先にしますか」というと、「食糧を捨てる。昔からだれにも死は

ある。人民は信がなければ安定してやっていけない」といわれた。（顔淵第十二―七）

孔子が生きた時代は、戦争が多く、食べ物も十分にありませんでした。そのような環境においても依然、孔子は「信」を第一にしましたが、現在は食べ物を含めてモノが非常に豊富ですが、我々は「信」を第一にしていません。また、多くの人はモノやカネを中心に生きています。彼らは口だけで「信」といい、実際には別の行動を取ります。他人を馬鹿にして、自分は頭がいいと信じ込みます（しかし、この世の中に、本当に馬鹿な人間がそれほど多くいるのでしょうか。一度や二度は騙されることはありますが、永遠に騙される人間などいないでしょう）。そして騙される人は、信用しないということを学び、他の人を騙すことさえあるかもしれません。結局、最後には社会の姿はまったく変わったものになってしまいます。人々は、社会がだめだ、社会が悪い、と言いながら、自ら不正を行います。互いに馬鹿にしあい、互いに騙し騙され、互いに傷つけ合います。

現代では「信」がない人の方がお金を稼ぎ、世の中を支配し、「信」がある人の方が馬鹿であると考えている人がいるかもしれません。しかしそれは違います。では、「信」を守っている人は、何を得られるのでしょうか。

信頼できる者は儲ける

「信があれば、人から頼りにされる。」（陽貨第十七―六）

信用できる人は、人から仕事を任されます。いったん上司、同僚などのビジネスの相手に信用できる人間だと思われると、自然に仕事やビジネスもあなたのドアをたたきに来ます。

信用ができる人間（信者）は、図2―5に示すように、「儲」（昔の中国語）です。つまり信用・信頼できる人間は、儲ける人間だということです。儲けたいなら、まず、信頼・信用できる人間にならなければなりません。それは、個人はいうまでもなく、企業、国も同じです。信用なしに成し得た成功は、たいてい一時的な成功です。たとえば、ここ数年中国では、特異功能大師（いわゆる超能力者）の嘘がバレて信頼を失ってしまいましたが、マジシャンは非常に人気があります。これは特異功能大師らのやり方が、人々を信頼から遠ざけるようなものだったからでしょう。

また、中国では、毒粉ミルクという信用できない製品は、短期的には利益を得るかも知れませんが、長期的視点から見れば、損です。なぜなら、信用できないことは、いつか必ずばれてしまうからです。彼らは早くお金を儲けようと、実に様々な不法な手段を使います。彼らは、頭は悪くないのですが、その能力を不適切な方向に向けてしまいました。結局、毒粉ミルク事件以降、中国では、国産の粉ミルクを飲む乳児の数が少なくなってしまいました。その影響は、一つの企業にとどまりありません。産業全体に打撃を与えたと言えるでしょう。粉ミルク産業が、どれほどの時間をかければ、国民の信頼を取り戻すことができるのか、誰にもわかりません。

日本でも、同じような不祥事はたくさんあります。不祥事を起こした企業が顧客の信頼を復帰させるのは、なかなか難しいことです。一部の顧客は、恐らく永遠に戻ってこないでしょう。

つまり、「信」とは責任であり、それは他人に対する責任、そして自分に対する責任でもあります。我々は、自らが言ったことに責任を持つべきなのです。「信」が欠如していると、たとえある話が冗談だとしても、タイミングや状況次第では社会的危機を招くかもしれません。たとえば、中国の郭美美事件は

信＋者＝儲

図 2—5 信と儲の関係

個人が起こした事件ですが、中国赤十字に非常に深刻な影響を及ぼしました。そうした個人の行為は、本人だけではなく、最終的には社会にも影響を及ぼすのです。個人の「信」は、つまるところ、社会に対する責任にも関わるのです。

「信」とは、他人、会社、国といった他人事ではなく、我々一人一人に関わることです。信頼・信用の現状を改善するために、時間と力を使い、行動していかなければなりません。

我々は、よく幸せについて口にしますが、本当の幸せは、短いものではなく、持続可能で、相互信頼・安心できる社会あってこそ、心から感じられるものです。

信の先決条件

もちろん、信頼・信用があればすなわち即座に「信」ということではありません。「信」には前提条件があります。正しい方向（正しい目的）があり、社会・国に貢献すること、それが真の「信」です。

有子がいった、「信〈約束を守ること〉は、正義に近ければ、ことばどおり履行できる。」（学而第一―十三）

現在、高官と企業が連携して、国や国民の利益をだまし取っています。彼らは、自分たちの間だけで信用をきちんと守り、自分たちだけで利益を享受しています。国民や国は、損をしているのです。つまり「信」の方向が間違えているのです。「信」は、国民や国の利益・発展に基づき、国民の生活やニーズを満足させることを目的として初めて正しいと言えます。

さらに言えば、十分な情報や知識を把握していないと、仮に「信」の心があったとしても騙される可能性が高いです。たとえば、ビジネスで契約をする際に、騙される可能性があるので、それを防止しなければなりません。そのためには、契約内容に関する知識・情報をしっかり把握することが重要です。絶えず勉強することで、守るべきもの、実行すべきこと、そして何に騙されやすく、何を防がなければならないかを知っていくことになります。はっきりと客観的に判断し、他人の巧みな話術にだまされな

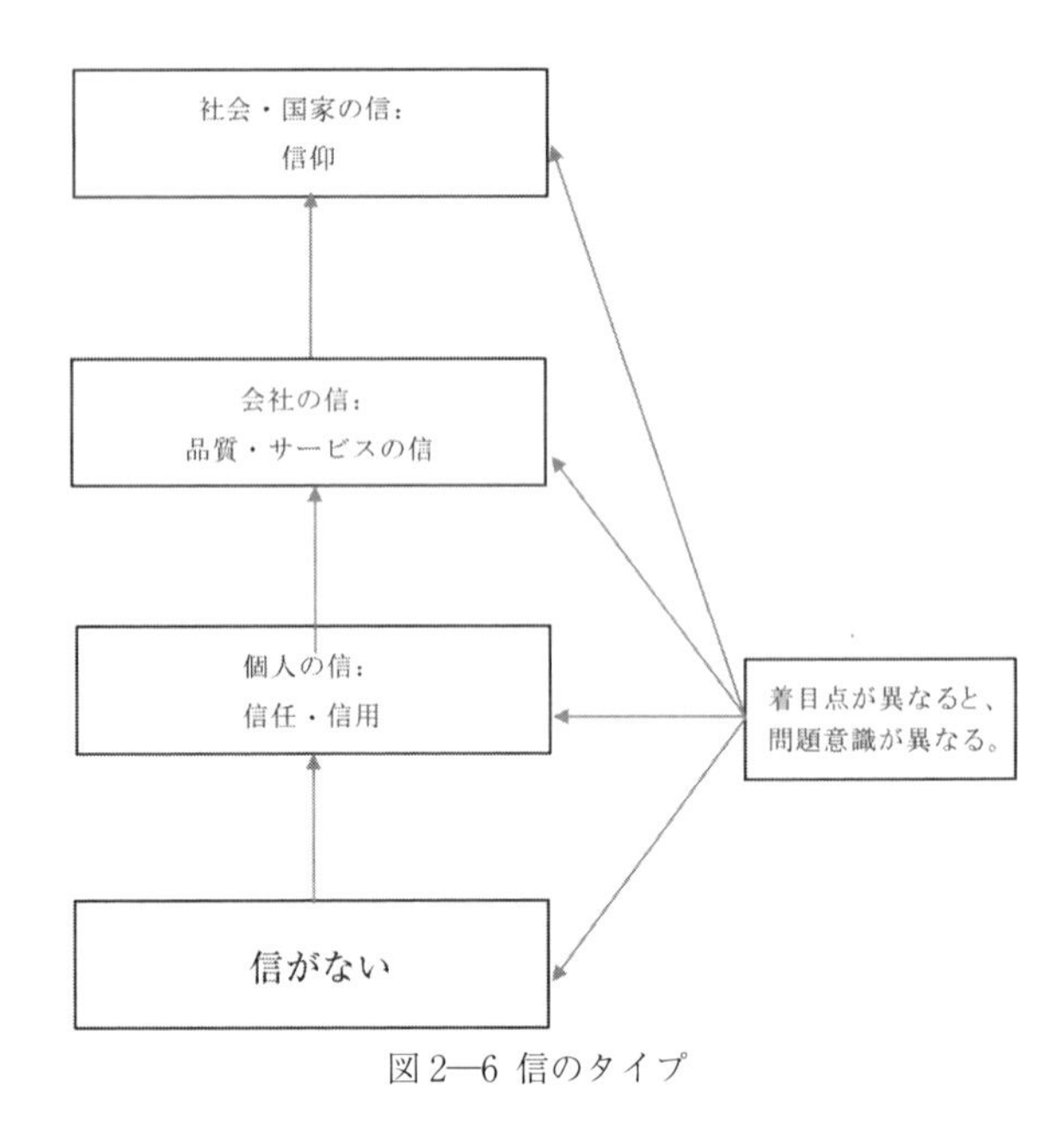

図2―6 信のタイプ

いようにしなければなりません。

先生がいわれた、「信義を好んでも学問を好まないと、その害として〈かたくなになって〉人をそこなうことになる。」（陽貨第十七―八）

「信」の主体が異なると、その段階や範囲も違います。図2―6に示すように、「信」は社会・国家の信、企業の信、個人の信という3つの信があります。個人の「信」は、言と行ですが、企業の「信」は、従業員の信以外に、製品やサービスの信もあります。企業は、自分たちで生産した製品、その製品を使っている顧客や社会に対して責任を持っています。企業の「信」には、製品とサービスの質に表れます。国の「信」は、個人と企業を通し、社会や国家の信頼に至ります。だれも信頼でき、どの企業の製品も信頼できるなら、その社会や国も信用できます。着眼点をどこに置くかによって、問題意識もまったく異なりますし、行動や製品も異なってくるのです。

礼　責任をこめる言動

孔子は、「忠」と「信」だけではなく、「礼」も非常に重要視しています。

顔淵が仁のことをおたずねした。

先生は言われた、「わが身を慎んで〈外は〉礼〈の規範〉に立ち戻るのが仁と言うことだ。一日でも身を慎んで礼に立ち戻れば、世界中が仁になつくようになる。仁を行うのは自分次第だ。どうして人頼みできようか。」

顔淵が「どうかその要点をお聞かせ下さい」と言ったので、先生は言われた、「礼に外れたことは見ず、礼に外れたことは聞かず、礼に外れたことは言わず、礼に外れたことはしないことだ。」（顔淵第十二―一）

礼と社会問題のつながり

日常生活において、いかにすれば責任を持った人間になれるのでしょうか？　孔子は、「礼に外れたことは見ず、礼に外れたことは聞かず、礼に外れたことは言わず、礼に外れたことはしない」ように、心の内の責任は、行動や礼を通じて完成できると考えます。

「礼」とは、行為規範のことですが、概念が広く、日常生活から国家制度まで、生活のあらゆる面を含めています。ここで問題にしたいのは、責任、とくに、個人の社会的責任は礼によってどのように表現されるのかということです。

現在の中国社会では、礼を非常に重視しています。たとえば、課長レベルの人間は、煙草なら一箱50元以上でなければなりませんし、お酒なら３００元以上でなければ飲みません。普通の従業員の場合は、一箱20元以上の煙草と１００元以上のお酒でなければなりません。その人のレベルがどの程度かによって接待のレベルも変わるのです。

我々は、自分の身分・能力・地位・メンツなどを表すために、高級な煙草や名酒、ブランドバックや時計、自動車などを選びます。モノによっては原材料などのコストの差が極めて少ないにもかかわらず、実際の価格差が非常に大きい場合があります。たとえば、お酒で原料の価格差に対して、製品の価格差がかなり大きい場合があります。どうしてそんな差が出るのでしょうか。その大きな原因は、メンツです。つまり、高価なお酒を飲むことによってレベルが高くなり、メンツも上がるのです。お酒の質がいいとか栄養が豊富だから飲むのではなく、値段が高いから飲む、それでメンツを保つことができる、というわけです。

中国の一般の公務員や企業の課長レベルの幹部は、月収がおよそ3～4000元程度です。一日50元の煙草を吸うと、一か月で1500元になります。煙草だけで給料の半分です。ほかにも、交通費、生活費、子供の教育費、住宅のローンなど、さらにブランド時計やバック、車……一体どんな生活をしているのでしょうか。裕福な家庭でなければ、仕事で賄賂などを受け取っているのかもしれません。さらに、頼み事がある場合も彼らに賄賂を与えなければ、条件が足りないだの、欠点があるだの、いろいろ言われた挙句（あげく）、その頼み事を撥（は）ね付けられてしまいます。ですから、何らかの礼をしないと、仕事が前に進んでいかないという風習が出来上がってしまいました。このような環境において、潔癖（けっぺき）で通している人間は、逆に馬鹿にされ、排除されるかもしれません。会社や組織のために利益をもたらし、一生懸命に仕事をしてくれる人が何人いるでしょうか。ここからわかるように、社会の風習と礼、社会の問題と礼がつながっているのです。

経済力があるかないかにかかわらず、過度にぜいたくな礼を重んじることは問題です。弟子から礼の本質は何か、と問われた孔子の答えが、このことを説明してくれます。

林放が礼の根本についておたずねした。

先生はいわれた、「大きいね、その質問は。礼にはぜいたくであるよりむしろ質素にし、お葬（とむら）いには万事ととのえるよりはむしろ〈ととのわずとも〉いたみ悲しむことだ。」（八佾第三―四）

礼の本質は社会責任

封建社会においては、人には様々な身分があり、各々の身分相応に礼を行います。自分の身分を超えた礼を行うということは、礼を知らないということになります。現在の社会では、身分制度はなくなりましたが、実際には家庭条件、経済力、社会的地位などの差が依然存在します。ですから、孔子の礼は、現代社会における社会の行動規範として理解した方がいいかもしれません。つまり、自分の経済条件や能力により、それ相応の行動をしていくことが現代の礼です。自分の実状に従って、礼を行うのです。それを超えると、腐敗(ふはい)・賄賂(わいろ)などが生まれてきます。この意味においては、自分に合った礼を実行することは、自分に責任を負い、仕事に責任を持ち、他人・社会に責任を持つということになります。だからこそ孔子は、人間が各々のレベルの礼を守らなければいけない、と提唱したわけです。

煙草とお酒と言えば、酒の席についても言わなければなりません。中国では、とても良い習慣があります。たとえば、お客を誠心誠意もてなすことなどです。しかし、やりすぎると、逆の結果となってしまいます。たとえば、お酒を飲むときに、相手を必ず酔っ払うまで飲ませ、料理は必ず食べきれないほど多く用意します。客人が料理を残した方が、招待する側のメンツが立つからです。中国は改革開放までは貧困でしたから、酒の席の機会をつくることはもちろん、肉を食べることさえ困難でした。現在、食料不足は解決したので、機会が有れば、必ず腹いっぱい食べ、酔いつぶれるまで飲みます。その影響でレストランでは、必ずたくさんの料理が残り、ムダになっています。

このような浪費への批判に対し、浪費しているのは自分のお金なのだから、他人に何の関係があるのか！と、思う人もいるかもしれません。たしかに、お金を払い、自分で食べ物を買い、どのように処理するか、誰もとやかく言う権利はありません。しかし、その視点は、個人からの視点です。社会からの視点で見れば、他人とは関係ない、とは絶対に言えません。なぜなら、買ったモノは社会から提供してくれたものであり、食べた後も、社会が処理してくれるのですから。おまけに浪費行為は、食糧増産の圧力となります。増産のために、飼料などをたくさん使用すれば結果的に、農産物の質が低下します。つまり、浪費とは責任であり、それは自分に対する責任であり、社会に対する責任でもあるのです。ゆえに、孔子は、人間に仁がなければ、真の礼がないと言ったのです。

先生がいわれた、「人として仁でなければ、礼があってもどうしようぞ。人として仁でなければ、楽があってもどうしようぞ。」（八佾第三―三）

メンツと礼の区別

我々は、メンツを大事にしており、礼とはメンツのことであると考える人もいるかもしれません。しかし、孔子の礼は我々が理解しているメンツとは異なります。メンツとは、自分のことを中心にした主観意識であり、その前提は個人の損得、個人の尊厳です。メンツは、自分を基準として他人が自分にしてくれたことを評価する態度であり、自分を見る心、自分の価値観に向き合っています。ですから、メンツは、「面子」と書くより「自分に面する」と書いて「面自」と書くべきかもしれません。これに対し、礼は自分を基準にするのではなく、社会を基準にし、社会責任を基礎にしています。

孔子の説いた礼は、社会に認められた世渡りの表現形式で、他人を尊敬し、他人を中心にすることを強調しています。もし、礼の視点からメンツを見ると、メンツは自分の条件に合う礼だけを実行し、守ったりします。あるいはこういうこともできます。メンツは、自分が社会的な礼儀を守っているか、社会的責任があるか、社会道義に違反していないかなど判断するものであり、向き合っているのは己の責任です。

孔子にとってメンツは社会責任の「面自」であり、それは社会に対して背負っている責任が大きいほど、また、社会に対する貢献が大きいほど大きくなります。ですから、「面自」は社会の視点から判断するものであって、個人の基準で判断するものではないのです。

礼はまた、言葉と行動の礼でもあります。

日常生活において我々は、若者が礼を知らない、ルールを知らない、仕事がまだ不十分だ、という声をしょっちゅう聞きます。これは、若者に仕事の能力や世渡りの能力が足りておらず、まだまだ成長しなければならないということです。この話の背後にも、実は孔子の思想が隠されています。

孔子がいわれた、「天命がわからないようでは君子とはいえない〈心が落ちつかないで、利害に動かされる〉。礼がわからないようでは安定してやっていけない。〈動作がでたらめになる〉ことばがわからないようでは人を知ることができない〈うかうかとだまされる〉。」（堯曰第二十―五）

礼儀は責任を表す

礼は、世渡りの能力で、礼を身につけると、独立・成熟できる能力を身につけることになります。たとえば、席をゆずることは道徳問題の一つですが、実は、そこには多くの事柄が隠されています。もし、ある老人が、席がなくて立っていたため電車の中で転んでしまったとします。その老人は、病院で治療を受けなければなりません。その医療費の一部は国のおカネで払います。そのおカネは、国民が払った税金です。ですから、席を譲ることは、我々の一人一人の利益につながっています。席を譲ることは社会責任です。我々が席を譲ることの重要性を意識できるかどうか、個人を超える視野があるかどうか、ということがカギになってきます。

また、服装をきちんとすることも礼です。中国では、「大事業を成したい人間は細かいことにこだわらない」という話があります。その影響からか、日常生活においては、場所を区別せず、服装もだらしない人が多いです。しかし、服装はささいなことでしょうか。ある工場で、「服の乱れ、心の乱れ」というスローガンを見たことがあります。なかなかいい言葉です。服装も管理できない人間は、自分のこともうまく管理できないでしょう。そうなると仕事もうまく管理できないわけです。また、「部屋を掃除できない人間は天下をとれない」という話もあります。表向きには、衛生的かどうかということですが、実は自分のことを管理する能力の有無を言っているのです。他人との付き合い、会社での仕事も同じです。もし、相手の服装がだらしなければ、仕事があまりできないように感じるでしょう。相手と一緒に仕事をする気持ちがなくなるかもしれません。会社に置き換えれば、スタッフの服装さえ管理できない会社は、製品やサービスの質も絶対に管理できないでしょう。最終的には、会社の業務・イメージなどに影響を及ぼしてしまいます。個人の服装は、公衆の面前や仕事をする際には、身だしなみをきちんとすべきなのです。

ですから、服装は、礼でもあり、責任でもあります。自分や会社に対する責任です。しかし、そうした責任は簡単には見えないものかも知れません。

席を譲ることや、服装を正すことは、それほどたいしたことではないと思われるかもしれませんが、礼と責任はつながって、われわれに影響を及ぼしています。

ここからは、脳科学の視点から、どうして席を譲ること、服装に気をつかうことなどが、我々に影響を及ぼしているのかを説明します。どうして孔子は、「**礼に外れたことは見ず、礼に外れたことは聞かず、礼に外れたことは言わず、礼に外れたことはしない**」を強調しているのでしょうか。

脳科学からみれば、図2―7に示すように、人間の脳は、A脳とB脳に分かれます。A脳は、外からの情報を受けて、外と接続する役割を担っています。それに対して、Ｂ脳は、Ａ脳が受けている情報を再処理し、Ａ脳の働きが正常かどうかをチェックする役割を担っています。

Ｂ脳には、基準があり、自分の価値観があります。それは、自己評価の基準と同じです。しかし、その基準は、生まれながらの標準ではなく、日常生活から出てきたもので、家庭、学校、友達、本などの環境から作り出されます。その基準に基づいて、自分が直面している物事を評価するのです。それは、マルクス哲学でいうところの「存在が意識を決める」ということでもあります。すなわち、社会現象や社会の存在は、人間の意識を決めます。その点からみれば、社会は個人の価値観の源であり原材料です。なぜなら、Ｂ脳の基準は、社会から来るからです。個人のことは、社会のことですから、個人に責任をもっていることは、社会に責任をもっていることと同じなのです。

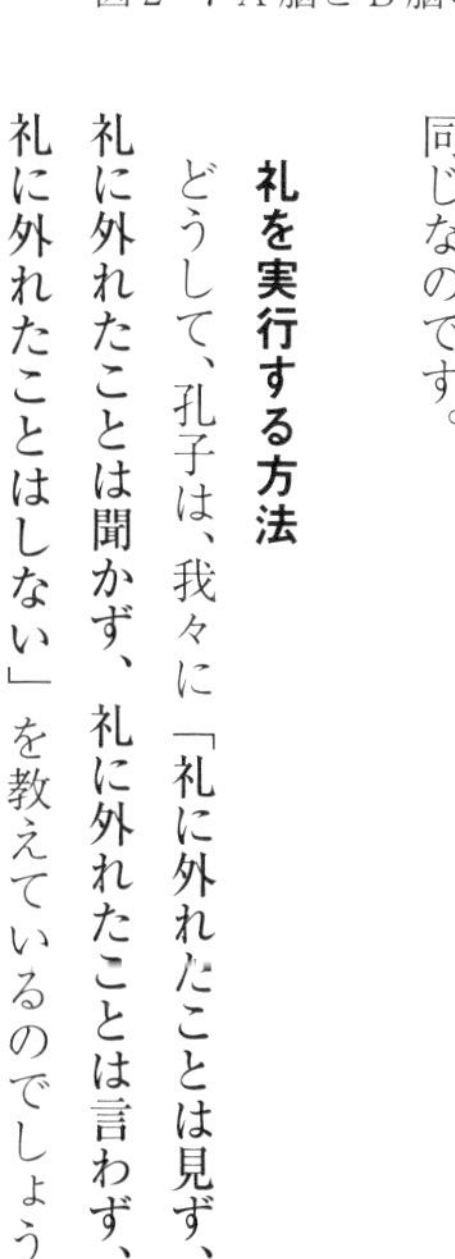

図２—７ Ａ脳とＢ脳の作用図

礼を実行する方法

どうして、孔子は、我々に「**礼に外れたことは見ず、礼に外れたことは聞かず、礼に外れたことは言わず、礼に外れたことはしない**」を教えているのでしょうか。

我々は、日常生活で接触した物事にだんだん慣れ、それが自然であたりまえだと思ってしまいます。席を譲らないこと、服装の乱れなどに慣れてしまうと、知らないうちにそれがＢ脳の基準になっていきます。その基準で世の中を見て、行動するようになります。「朱に交われば赤くなる」ように、毎日見ていることや聞いていることが礼から外れていれば、自分の基準も自然と影響を及ぼされ、そうしたこともきっと道理なのだろうと捉え、価値観もだんだん変っていきます。

それゆえ孔子は、思想の入口をきちんと管理し、自らの視野に、礼から外れるようなことを入れないようにし、影響を受けないように努力するのです。それは、「**礼に外れたことは見ず、礼に外れたことは聞かず**」です。さらに、出口も管理します。図２―８に示すように、礼から外れていることは話さない、行動しない、すなわち、「**礼に外れたことは言わず、礼に外れたことはしない**」です。

なぜなら、個人の判断基準は環境の影響を大いに受けています。世の中の流行を見るときには、特にその利害を反省し、時代の流れに流されないように注意が必要です。中国では現在、帝王切開が主な出産方法になっています。もともと人間の出産は、自然出産が最も普通の状態で、やむを得ない場合にのみ帝王切開という方法を採ります。しかし現在は、帝王切開がメインになっています。理由はいろいろありますが、病院では、かつては普通ではない方法だったものを主流な方法として行うようになってお

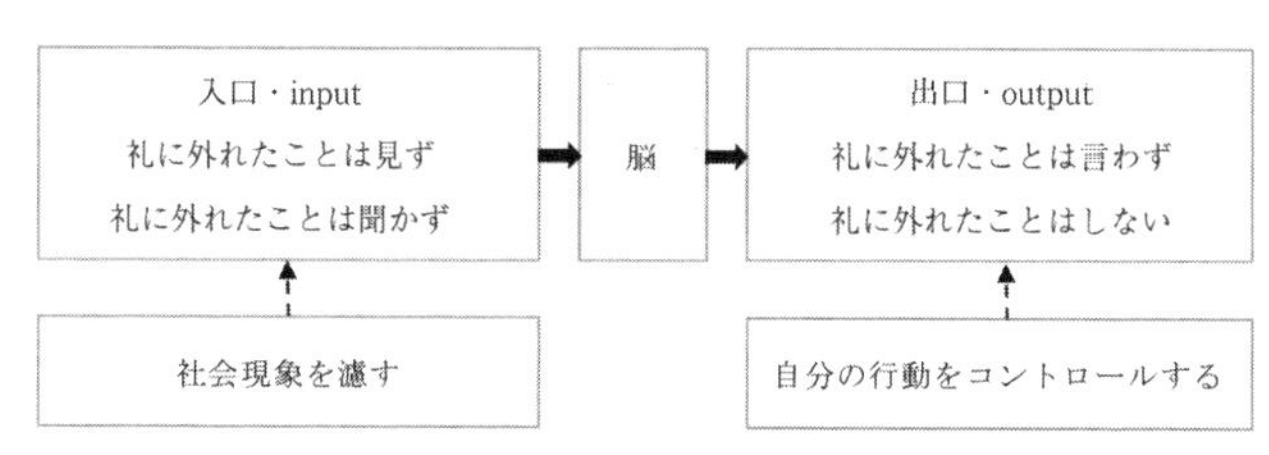

図2―8 礼を行う概念図

り、自然なものを不自然に、不自然なものを自然なものとしています。

一人の行為は、知らないうちに他人に影響を及ぼすとともに、他人からも影響を受けています。責任をもっている人間、社会責任をもっている人間は、慎重に行動しなければなりません。自分の為すことは、他人に影響を及ぼしているのではないか、社会に迷惑をかけているのではないか、と常に注意しなければなりません。

「君子は食事をとるあいだも仁から離れることがなく、急変のときもきっとそこにおり、ひっくりかえったときでもきっとそこにいる。」（里仁第四―五）

真の「礼」、つまり礼の本質は、「仁」であり、それは人間を愛し、他人を尊敬し、他人に対しても責任を持つとともに、自らに対しても責任を持つことです。もし、自分の行為や思想を、「礼」による制限がなければ、責任をもっていなければ、多くの問題が出てくるかもしれません。

過　正しい問題解決方法を見つけるチャンス

もちろん、あらゆるものに対して、「**礼に外れたことは見ず、礼に外れたことは聞かず、礼に外れたことは言わず、礼に外れたことはしない**」を守ることはできないかもしれません。誰でも過ちを犯します。孔子の弟子の中では、顔回だけが3か月間過ちを犯しませんでした。ですから、過ちを犯したことを気にしすぎることはありません。大事なのは、どのようにして過ちと向き合うかなのです。行動するときには、礼に注意するとともに、過ちというものに注意しなければなりません。過ちは、「仁」の重要な構成要素です。一つの過ちから、その人に「仁」があるかどうか、責任があるかどうかを見て取ることができるのです。

先生がいわれた、「人のあやまちというのは、それぞれその人物の種類に応じておかす。あやまちを見れば仁かどうかがわかるものだ。」（里仁第四―七）

この話には、別の解釈もあります。すなわち、どのように過ちに直面しているかで、人に仁があるかどうかを知ることができるというものです。

誰でも過ちを犯すことはあります。人間の一生は、過ちから学習して成長していくものです。特に、初めての物事を体験するときに、ミスをすることはよくあります。初めての環境においては、どの道を選択するべきかわからず、その過程でよくミスをします。

初めての選択では、過ちを犯しやすいだけではありません。実は、生活そのものが選択の連続です。我々は生まれてから人生が終わるまで常に選択をしています。幼稚園、小学校、中学校、大学、何を専攻し、どんな仕事に就くか、結婚相手、車、部屋すべて選択です。普段の食事や服装や娯楽なども、すべて選択しています。ですから、孔子は「権」（物事をほどよく取りはからうこと）が、最も難しいと言います。

先生がいわれた、「ともに並んで学ぶことができる人でも、ともに道には進めない。ともに道に進めても、ともに〈そこにしっかりと〉立つことはできない。ともに立つことはできても、ともに〈ものごとをほどよく〉取りはからうことはできない。」（子罕第九—三十一）

すべての行動はいずれも選択です。そこで過ちを犯すことは当たり前のことです。問題は、どのように過ちを減少させるか、どのように過ちに直面し、そこから教訓を得て、同じ過ちを避けるか、そこが大切なのです。

過ちをおかした時には、責任を他人に転嫁して、いいわけをしがちです。自分に直接的・間接的な問題・

責任の所在があるかどうかといったことを、冷静かつ客観的に分析することをしない人はいるでしょう。

先生がいわれた、「君子は自分に〈反省して〉求めるが、小人は他人に求める。」（衛霊公第十五―二十一）

君子は、問題に直面した時に、まず、自分に何か原因があったのではないかと考えますが、小人（器量の小さい人、人徳のない人）は他人に原因があったのではないかと考えます。過ちを犯した時、我々は、他人に対して原因を探しがちです。なぜなら、我々は、他人を見るときは比較的冷静で、判断し見やすいのですが、自分を見るときにはそれほど冷静ではないからです。他人の顔を見る時ははっきり見えますが、自分の顔を見る時には、鏡を使わなければ見えません。全身を見ようとすれば、もっと大きな鏡が必要です。他人のミスや足りない部分は探しやすいのですが、自分のそれは見えにくいのです。

問題の背後には様々な原因があり、重要な原因もあれば、重要でない原因もあります。問題を見る姿勢が違うと、見えてくる原因も異なります。もし正しい原因を見つけられなかったとしたら、問題は解決不能になってしまいます。

中国で強姦事件があり、犯罪者の母親から、「社会の環境が悪い、社会が自分の子供を悪くした」という発言がありました。実際には、社会において、誰でも罪を犯す可能性がありますが、全員が罪を犯すわけではありません。このように原因を間違えると、問題を解決することができません。
また、問題が起こると、すぐ言い訳をする人がいます。たとえば、今日授業を受けたくないときには、体調が悪いと言います。言い訳すること自体はたいしたことではありませんが、言い訳することで自分の間違った考えと覆い隠してしまうことは問題です。こういう言い訳をする人間は、孔子時代にもいました。

冉求（ぜんきゅう）が「先生の道を〈学ぶことを〉うれしく思わないわけではありませんが、力がたりないのです」といったので、先生はいわれた、「力の足りないものは〈進めるだけは進んで〉中途でやめることになるが、今お前は自分から見きりをつけている。」（雍也第六――十二）

冉求は学ぶ前に、力が足りないと言い訳をしました。そうした言い方は、我々にもおなじみのものです。自分は年を取ったからもう駄目だ、子供の世代に希望を託すといった具合です。実は、これが勉強しないだとか、努力しないということの言い訳なのです。こうした考え方は、責任を転嫁し、現在や未来の失敗を言い訳しているのです。これでは未来が見えなくなり、より高い目標や発展の余地が無くなってしまいます。これは、「人間にとって最大の悲劇は、まだ何も挑戦していないまま終わることだ」という話と同じではないでしょうか。さらに悪いのは、そうした考えが子供にも影響を及ぼしてしまうことです。自分のやり方・思想は、すべて子供の目に入ります。自ら努力して変わろうとする姿を、子供はちゃんと見ています。やがてそれは彼らの心の中に入り込み、彼らも努力をするようになるかもしれません。中国には「言伝身教」という言葉があります。これは、言葉で伝え行動で教えるという意味です。先の例はまさにこの言葉が当てはまるでしょう。

過ちに直面した時に、自分に言い訳をして、責任を他人に転嫁し、真の原因を追求する機会を放棄することがあります。しかし、それでは問題解決の機会も放棄することになります。私の責任ではない、私の担当ではない、他人の過ちだ、という考え方を持っているならば、問題解決の方法など考えもしないでしょう。再び似たような問題が起こっても、同じような道をたどって転嫁するでしょう。これでは永遠に問題を解決できなくなります。

もちろん、言い訳や責任を他人に転嫁することも、問題解決方法の一種です。しかしそれは最低な方法であって、真の問題解決には役立ちません。さらに、そうしたやり方に慣れてしまうと、これからもその方法に依存してしまう可能性が大いにあります。逆に、責任と勇気を持って、過ちの原因を考え、解決方法が分かれば、その先似た問題が起きた際には解決ができることでしょう。こうしたことから、過ちを犯しても改めない者を孔子は批判します。

先生がいわれた、「過ちをしても改めない、これを〈本当の〉過ちというのだ。」（衛霊公第十五―三十）

改正・訂正には、勇気が必要です。自分と向き合い、自分を変える勇気です。

先生がいわれた、「徳のある人にはきっと善い言葉があるが、善い言葉の有る人に徳があるとはかぎらない。仁の人にはきっと勇気があるが、勇敢な人に仁があるとは限らない。」（憲問第十四—五）

勇気とは、危険なことが明らかなのにもかかわらず、それでも行動し、責任を負うということです。もし責任感があるならば、勇気を持って現実や失敗と向き合うことができ、それによって問題の本質的な原因を見つけ、自分の問題意識と解決能力の向上を養うことができるでしょう。そうなれば問題解決の達人になれます。

他にも、『論語』では「仁」に関する5個の要求についての記述があります。

子張が仁のことを孔子におたずねした。

孔子はいわれた、「五つのことを世界じゅうに行うことができたら、仁といえるね。」

進んでされにおたずねすると、「恭しいことと寛なことと信のあることと機敏なことと恵み深いことだ。恭しければ侮られず、寛であれば人望が得られ、信があれば人から頼りにされ、機敏であれば仕

事ができ、恵み深ければうまく人が使えるものだ。」（陽貨第十七―六）

「恭、寛、信、敏、恵」という5つにおいて、信は前に記述しましたので、ここで述べることはありません。なお、恭は、礼に近く、ここでは礼の中に入りますから、これについても述べません。以下に敏、恵、寛という3つの概念について簡単に説明します。

敏　問題解決のタイミング

「機敏であれば仕事ができる。」（陽貨第十七―六）

敏とは、行動は即座に、タイミングを把握し、問題に直面したら、できるだけ速やかに解決することを指します。必要な時に必要な人間に解決すべき問題を与えて処理するのです。一定の時間内に任務を完成させることは、責任です。日常の仕事では、即座に上司に現場のことを報告しなければなりません。あるいは、納期期間内に任務を完成しなければなりません。特に、事故や災害など国民の生死にかかわる問題は、至急解決するべき問題です。行動は、素早くおこさなければなりません。問題をだらだら引き伸ばすと、大きな問題になりかねません。素早い行動は社会に対する責任でもあります。敏は、時間の見方ですので、「時」の章で再度解釈します。

恵　問題解決の結果は皆に利益をもたらす

恵は、他人に利益をもたらします。報酬がなければ、行動の継続は難しいでしょう。人間は社会の中で生活していますから、生活のニーズがあります。崇高なものをひたすら追求し続けることは非常に無理があります。人間は、生活のために日々駆け回っているので、一定の報酬は仕事に動力を与えます。報酬は、スタッフに対する責任であり、企業の責任でもあります。ですから、儒教は利益のことを口にしないという認識は誤解です。孔子は非常に利を重視します。しかし、孔子が強調する利は、個人の利だけでなく、全員の利、社会の利です。


先生が衛の国に行かれたとき、冉有が御者であった。

先生が「〈衛の人口は〉多いね」といわれたので、冉有は「多くなったら、さらに何をしたものでしょう」というと、「富ませよう」といわれた。

「富ませたら、さらに何をしたものでしょう」というと、「教育しよう」といわれた。（子路第十三―九）

従業員・社員を豊かにすることは、企業にとって大事なことです。国民を豊かにすることは、国の仕事です。孔子は、学習と道徳心を養う目的は、百姓が安定した自由で豊かな生活を得ることだと言います。


子路が君子のことをおたずねした。

先生は言われた、「自分を修養して慎み深くすることだ。」

「そんなことだけでしょうか。」

「自分を修養して人を安らかにすることだ。」

「そんなことだけでしょうか。」

「自分を修養して万民を安らかにすることだ。自分を修養して万民を安らかにするということは、〈聖天子の〉堯や舜でさえも苦労をされた。」（憲問第十四―四四）

寛　部下のミスに自分の責任があるか

寛は、他人に対する寛容です。他人のことを思いやることです。問題が起こったときに、責任を他人に転嫁せず、自分の内に原因を探し、責任を負うことです。事情の真因がはっきりすれば、客観的に自分の責任を評価できますし、他人に寛容になれば、同僚・部下にも認められて、いい影響を与えます。

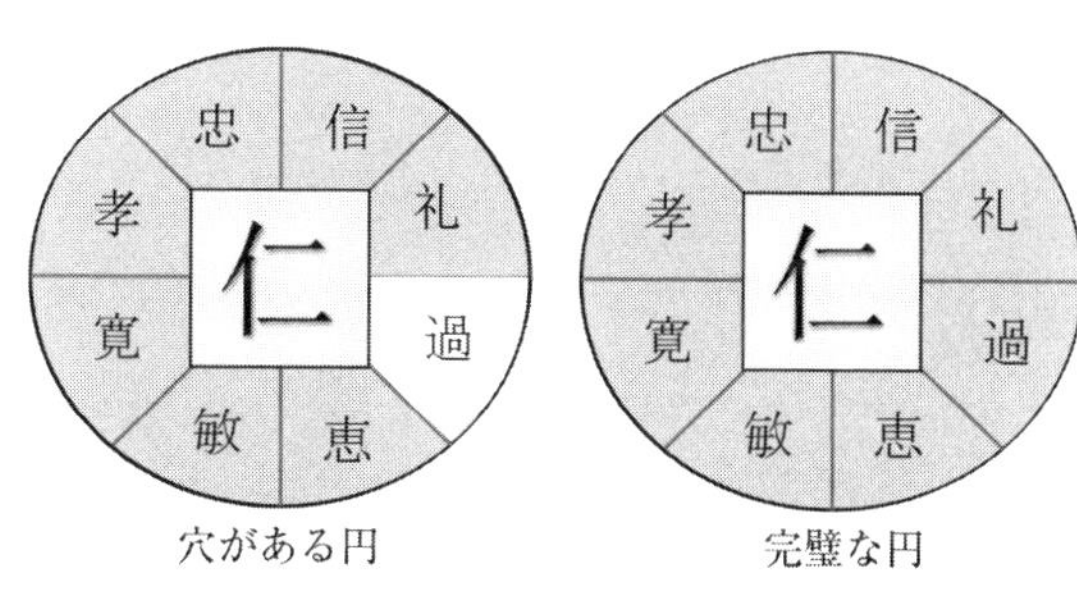

図２―９ 仁（個人の社会的責任）の構成図

多くの人は、責任感がある人と付き合い、信頼感のある人を好みます。寛容な心を持つほど、付き合う人の数は多くなると言えるでしょう。

葉公（しょうこう）が政治のことをたずねられた。先生は言われた、「近くの人々は悦び、遠くの人々は〈それを聞いて慕って〉やって来るように」（子路第十三―十六）

要するに、「仁」は個人の社会的責任で、具体的には、孝、忠、信、礼、過、敏、恵、寛という８つの部分から構成されています。８つの部分は、相互につながり、相互に作用し、相互に影響し合います。個人の社会責任を円で表すと、円のなかには、図２―９に示すように、８つの部分があります。その８つをきちんと行うことができれば、その人間の円は充実します。もし、できない部分があると、そこに穴（責任領域）が空きます。たとえば、責任を他人に転嫁し、自分の過失を反省しないとすると、過ちの部分に穴が空きます。穴

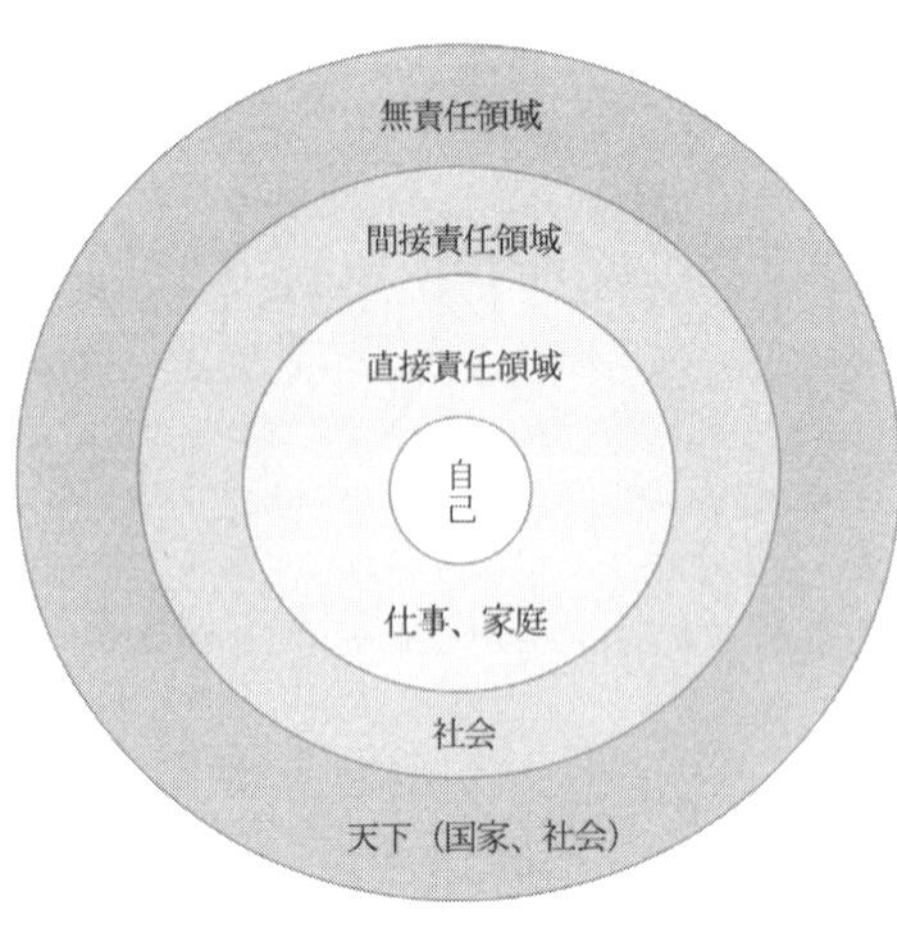

図2—10　責任領域図

の空いている領域が多いほど、その人間は責任がないといえます。もし、8つの部分すべてができない場合は、すべて穴になってしまいます。

出世の前提は社会責任を持っている人間になること

仮に、社会を個人の社会責任の視点から分けると、社会は、図2—10に示すように、個人が直接的に担当している領域（直接責任領域）と間接的に担当している領域（間接責任領域）、無責任領域の3つの領域に分けられます。直接責任を負う領域は、自分の直接的な領域です。たとえば、自分の家庭、仕事、人生などです。間接の責任領域は、直接責任領域とはダイレクトには関係していませんが、つながっています。たとえば、同僚・友達、隣人、地区の環境などです。自分の行動や言動が、他人の仕事や生活に影響を及ぼします。ですから、間接責任領域と呼ばれます。

個人の社会責任の「仁」は、直接責任領域と間接責任領域が含まれています。閉鎖的なものではなく、オープンなもので、絶えず外とつながり、交流しています。直接責任領域と間接責任領域の変化も随時変化しています。公の人物（政府高官・有名人など）ほど責任領域は大きいです。責任領域が大きいほど、穴が出る可能性は高くなります。ですから、責任領域に穴が出ていないかいつも注意しなければなりません。

責任の心を持つことは、他人に強制されているものではありません。自分の気持ちが重要です。それは、「仁を行うのは自分次第だ。どうして人頼みできようか」という気持ちです。出世・成功したいならば、まず責任、特に社会責任を持っている人間になりましょう。自分の責任領域を拡大しましょう。図２－11に示すように、責任領域が大きいほど、必要とされる場面（人、領域等）が多いということです。成功したいならば、多くの人や領域に対して責任を負う必要があります。そのような流れができていれば、あなたは成功の流れを掴んでいるということになります。

また、ある条件下で、責任領域の中心が外に拡大して、無責任領域が間接責任領域となることがあります。これは情報技術の発展により、ある出来事が短時間で世界中に伝わることが可能になったということです。たとえば、餃子事件は本来個人的な問題ですが、国家間の関係まで影響を及ぼしました（「恕」の章を参照）。

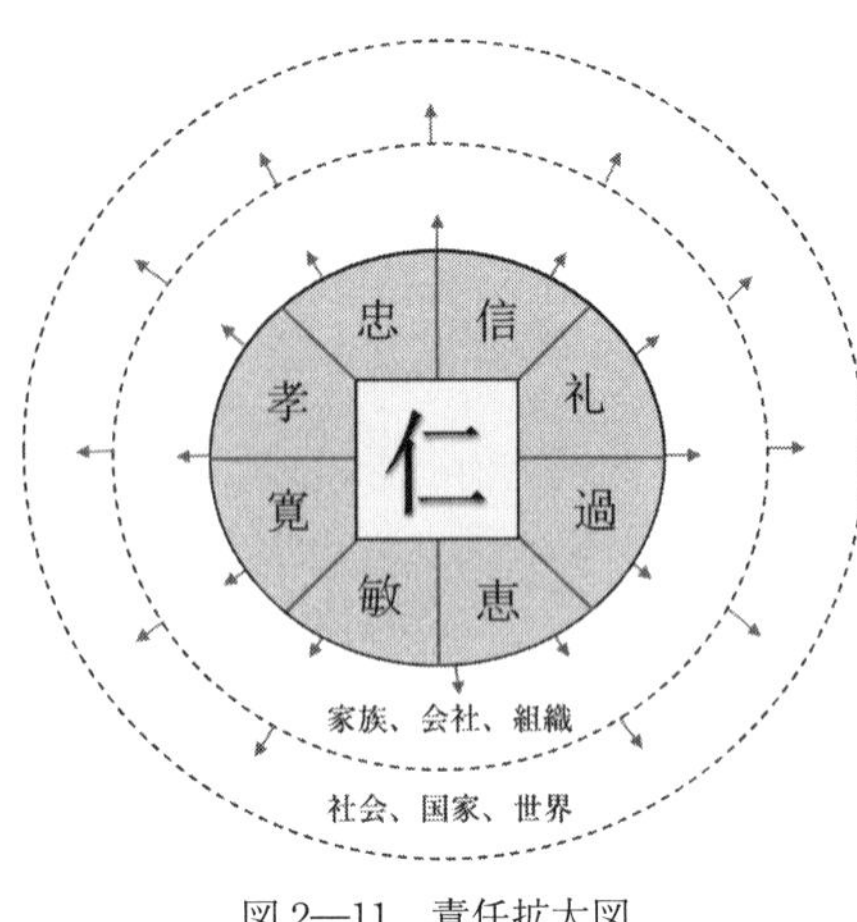

図 2—11　責任拡大図

もし、上述した8つをきちんと行うことが出来れば、きっと怖れるものなどない人間となることでしょう。

先生が言われた、「智の人は惑わない、仁の人は憂えない、勇の人は恐れない。」（子罕第九―三十）

仁者になる促進方法

仁者になるためには、責任を持つ人間にならなければなりません。意識改革以外に、別の方法がその達成の過程で助けとなり、役立つかもしれません。

方法の一つは、いい友達と付き合うことです。

子貢が仁徳の修め方をおたずねした。

先生は言われた、「職人が自分の仕事をうまくやろうとすれば、きっとまずその道具を研ぐものだ。〈だから〉一つの国にいると、そこの大夫の優れた人にお仕えし、

そこの士人の仁徳ある人を友達にする〈というようにして、自分をみがく人を選ぶ〉ことだ。」（衛霊公第十五―十）

「朱に交われば赤くなり、墨に染まれば黒くなる」というように、優秀で責任がある人と一緒にいれば、自然にその影響をうけます。もし、友達が責任感のない人間なら、自分の価値観・世界観なども自然と影響を受けます。ですから、まず、責任がある人を自分の手本として、そういう人と友達になりましょう。

もうひとつの方法は、勉強です。

「仁愛を好んでも学問を好まないと、その害として〈情におぼれて〉愚かになる。」（陽貨第十七―八）

責任感だけでは世渡りには不十分です。責任感がある人はそれゆえに利用されてしまうかもしれません。過ちをしてしまうかもしれません。もし知識・情報・知恵が足らなければ、判断に悪い影響を及ぼします。いったん方向を間違えると、「南轅北轍（なんえんほくてつ）」（目的と行動が正反対である）の悲劇となってしまいます。ですから、知識・知恵は、人間の問題意識に重要な意義を持っています。それについては次の章で述べます。

第3章 知 知識及び知恵における問題意識

『論語』において「仁」は重要な理念で、１０９回言及されていますが、その「仁」より多く言及されているもう一つの理念があります。それが「知」で、１１８回も登場します。どうして、孔子は、「知」についてこれだけ多く言及したのでしょうか。

知　問題を解決する情報・知識・知恵

孔子が言われた、「天命が分からないようでは君子とは言えない。〈心が落ち着かないで、利害に動かされる〉礼が分からないようでは立ってはいけない。〈動作がでためになる〉言葉が分からないようでは人を知ることが出来ない。〈うかうかと騙される〉」（堯曰第二十―五）

これは、『論語』の最後の句で、『論語』に対する総括だと言えます。ここで孔子は４つの「知」について言及しています。すなわち、「天命を知る」「礼を知る」「言葉を知る」そして「人を知る」です。その中で「礼」と「言葉」は知識・ルールのこと、勉強をすることで身につけることができます。「礼

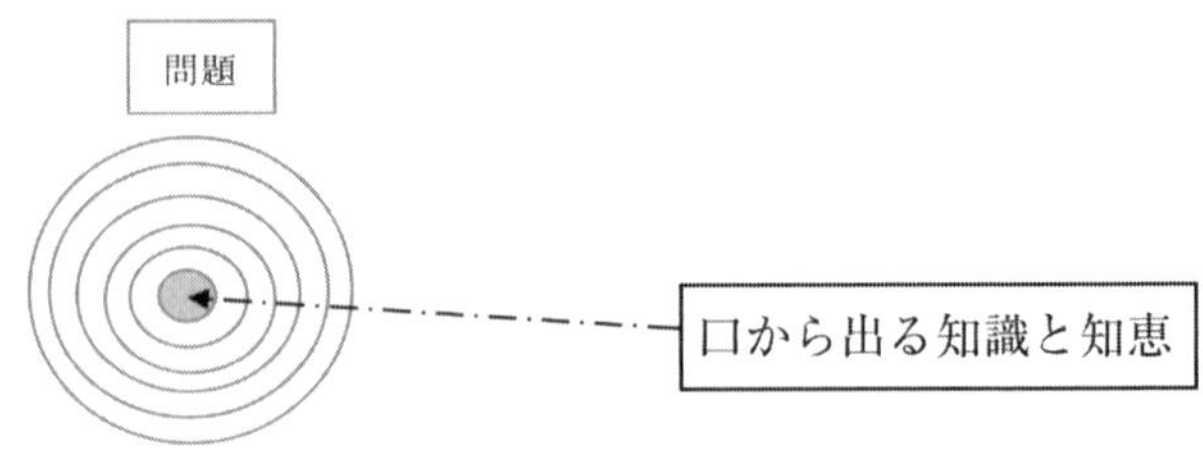

図3—1「知」という漢字の意味図

を知る」「言葉を知る」とは、知識及び情報を把握することです。それに対し「人」と「天命」は、常に変化しており、推測する必要があります。ですから、上手く「人を知る」とともに「天命を知る」には、知識だけではなく、知恵が必要だと言えます。

「知」は『論語』では様々な意味があり、「知る」「了解する」「学習する」「身につける」などの動詞や知識・知恵などの名詞として使われています。なお、「知」という文字は、形からみれば、左が矢で、右が口、すなわち口から出した話が目的に当たる、というような意味です。これを問題解決の視点から見れば、「知」は、図3—1に示すように、口から出た話が情報・知識・知恵などの問題解決方法を用いて問題の真意をとらえ、これを解決することである、と理解できるでしょう。簡単にいえば、「知」とは、情報・知識・知恵を用いて問題を解決することです。

「知」は、社会に由来するものです。日常生活で我々は、情報やデータを収集し、それを分析し、選択し、学習します。そして情報やデータを知識・経験という形に変換、あるいは、組み直して、社会の問題を解決し、その

「知」は再び社会に還元されます。図3—2に示すように、データや情報を収集・獲得してから、知恵で問題を解決するまでの過程は、階段的な循環モデルです。「知」は、絶えず循環して社会の問題を解決し、人類の文明を発展させます。そこで、以下では問題意識の観点から、孔子が言う「知」を解釈しています。

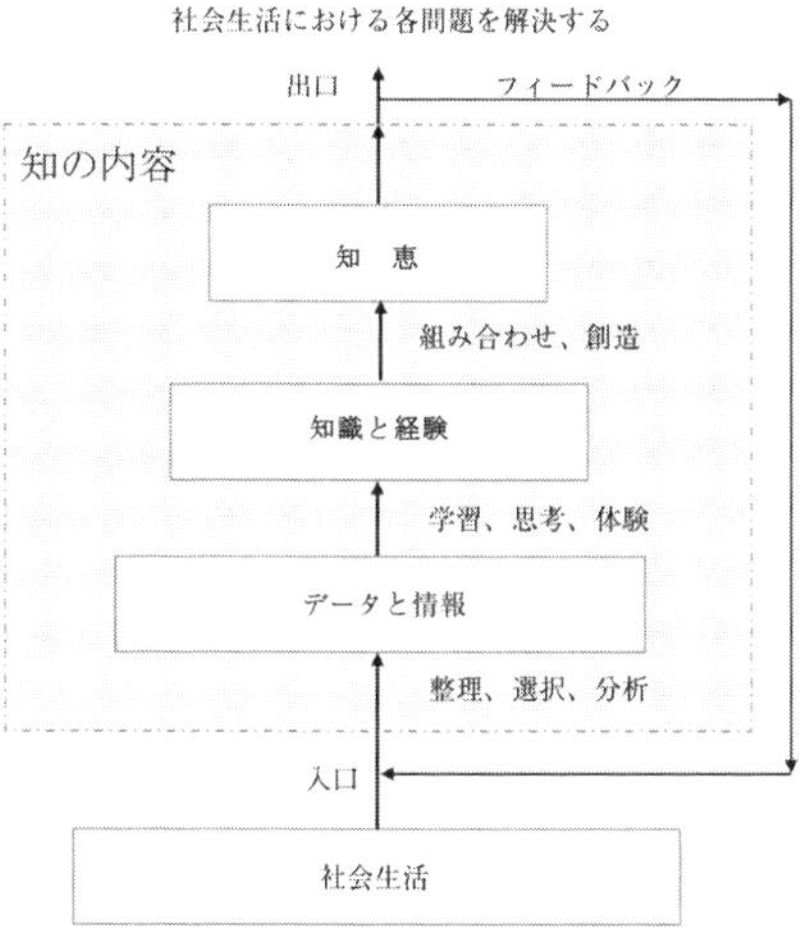

社会生活における各問題を解決する
出口　フィードバック
知の内容
知　恵
組み合わせ、創造
知識と経験
学習、思考、体験
データと情報
整理、選択、分析
入口
社会生活

図3—2「知」の概念図

データ、情報、知識、経験、知恵などは、社会や生活の中から生み出されるものです。社会や生活のあらゆる現象・事件は、すべてデータとなり、ある情報を伝えています。データと情報の重要性についての判断は、我々の問題意識や視点および価値観と密接に結びついています。孔子は、非常に高い問題意識で身の回りのすべてを見て情報を収集し、知識を獲得していました。このことは孔子の弟子が彼を評した以下の文から知ることができます。

衛の公孫朝が子貢にたずねて、「仲尼（孔子）は

誰に学んだのです」と言うと、子貢は答えた、「文王・武王の道はまだだめになってしまわないで人に残っています。すぐれた人はその大きなことを覚えていますし、優れない人でもその小さいことを覚えています。文王・武王の道はどこにでもあるのです。先生は誰にでも学ばれました。そしてまた別にきまった先生などは持たれなかったのです」（張第十九―二十二）

子貢は、同じような生活環境、社会環境に直面したときに、その物事の様々な側面（情報、知識、深さ等）を認識することができる孔子を賢者だと思っていました。それに対して、不賢者は、物事の様々な側面を見ることができず、多くの情報や知識を得られません。問題意識という視点から見れば、賢者の問題意識は強く、不賢者の問題意識は弱いと言えます。同じデータ、同じ情報であっても問題意識が異なると、情報の見え方が違い、それらの価値が異なってきます。問題意識が強い人にとっては非常に重要なデータや情報であっても、問題意識が弱い人間にとってはそれほど重要とは思えず、役に立たないゴミと思われる場合もあるかもしれません。

視点を決めるのは情報・知識

同じ物事に対して、異なる見方や理解、問題意識が出てくる理由の一つは、我々個々の視点が違うからです。図3―3に示すように、同じ社会現象は、政治、経済、文化、歴史、文学、数学、心理、物理、

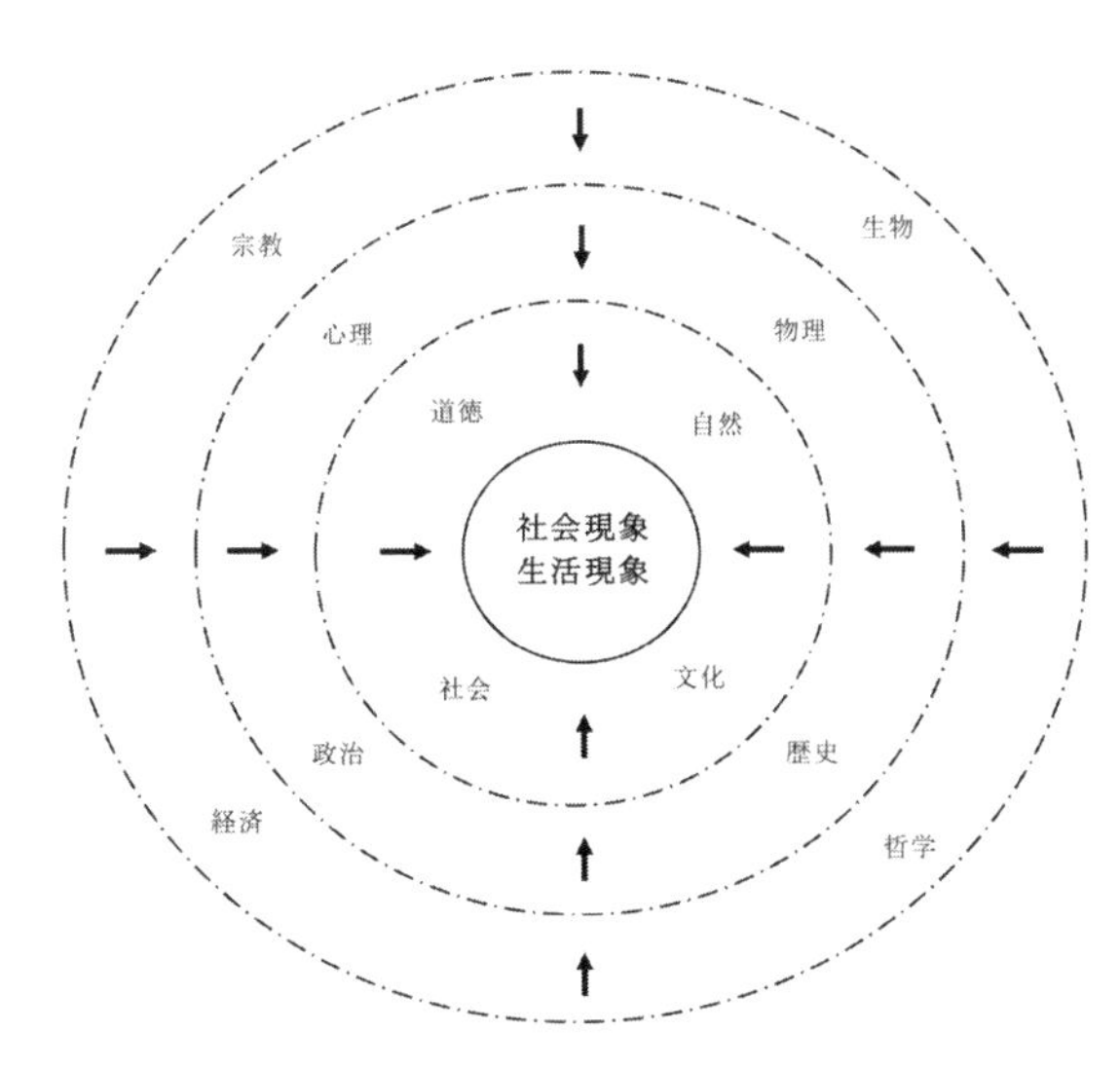

図３―３ 異なる視点から世界をみる

化学などの異なる視点から理解が可能です。たとえば、ダーウィンの進化論、フロイトの精神分析論、ハンティントンの文明の衝突論などは、違う角度・視点からこの世界を見ているわけです。

生活・社会は、鏡のようなもので、異なる視点から見れば、映し出される景色も異なります。どのような視点で見るかによって、世界（結果）の見方は異なります。そして視点は、自分が勉強して身につけた知識や経験から構成された知識体系によって決まります。視点の背後には知識の体系が隠されているわけです。ですから、知識体系が異なると、視点も異なります。視点が異なると、評価の基準・問題意識・見える世界も異なります。

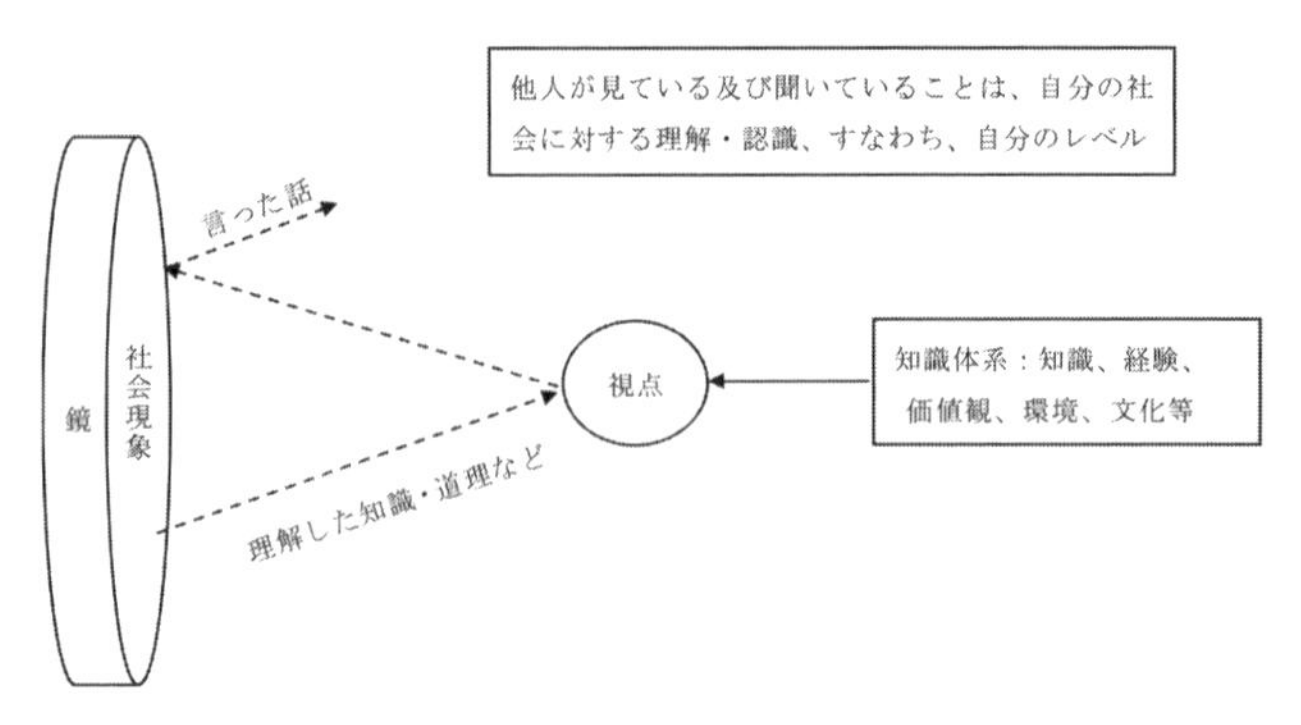

図 3―4 自分のことを反射する視点図

我々の言動は、この社会や世界をどのように認識しているかを表しています。図3―4に示すように、我々の言動は、我々の考え方や知識体系を反映し、また、この世界に対する知識の広さや深さを表しています。同じように、社会から理解した情報・知識の広さや深さも我々の視点、あるいはその奥の知識体系を表しています。

ゆえに、子貢はこのように言ったのです。

子貢は言った、「君子はただ一言で賢いともされるし、ただ一言で愚かともされる、言葉は慎重でなければならない。」（子張第十九―二十五）

ある物事に関する知識の量がなければ、それなりの視点で社会や世界を見ることはできません。見える世界も狭くなり、世界の全貌を見ることができません。同様に、問題を解決する際に、ある程度の情報や知識がなければ、問題に対する視点もないわけですから、問題点は見えてきません。すなわち、じゅうぶんな問題意識がなければ、物事が判断できない、リスクを予測できないということになります。

情報・知識がなければ、問題意識がない

これについては、日常生活でも数多くの事例があります。私の故郷で、隣の家の人が炊飯器を床の上に置いてご飯を炊きました。ご飯ができた後、炊飯器の釜を取り出しましたが、炊飯器はそこに置いたままにしていたら、そばで遊んでいた子どもが炊飯器の上に座ってしまいました。結局、子どもはお尻にひどいやけどをしてしまいました。子どもは炊きたての炊飯器が熱いことを知らなかったのです。

また、子どもが魔法瓶を倒してしまい、やけどをする事故もよく見られます。子どもの時にやけどして傷が残っている友達や知り合いを、皆さんもご存知ではないでしょうか。子どもに十分な知識や判断能力がなく、炊飯器や魔法瓶の危険性を知らなかったがゆえにこのようなことになってしまいました。知識がなさから来る向こう見ずな態度を、中国語で「無知者無惧（無知な者は恐れを知らない）」といいます。

子どもだけでなく、大人の場合も、知識が欠けていたり、問題意識がないとリスクを判断することができません。90年代の中国の農村では、宴会のとき、お箸をお酒の中につけて、そのお箸を子どもの口に入れる人が多くいました。大人になった時にお酒に強くなるように、小さい時からそうした方法で訓

練していたのです。子どもにお酒を飲ませて訓練することは、実際には未成年の脳の発育に非常に大きな害を与え、場合によっては脳の萎縮(いしゅく)が起こるなど、非常に危険な行為です。このことは今では誰もが知っていることですが、当時はそれが危険な行為だという意識があまりなく、早いうちからお酒に慣れさせることは、正しい理論だと考えられていたのです。

未成年の飲酒やタバコは違法ですが、隠れてお酒を飲んだり、タバコを吸う未成年は多くいます。未成年の飲酒やタバコの害は、不衛生なものを食べて食あたりすることとは違い、すぐには見えません。それらの害は、気づかない間に与えられています。脳の成長を阻害することもあります。しかし脳の成長の良し悪しを判断するのは困難です。害があってもなかなか見えないわけです。デミングは、経営で大事なことのうち、実際に測ることができるのは、わずか3%しかない、と言いました。すなわち、3%のことはデータなどで可視化できますが、大部分のことは測れませんし、見えにくいのです。ですから、飲酒やタバコに関するある程度の知識や情報がなければ、未成年の飲酒やタバコの害は、無視される恐れがあります。

中国での医師と患者の関係(以下、医患関係)をとりあげてみます。医患関係は、道徳・倫理の視点から分析することもできますし、知識・情報の視点から理解することもできます。医師と患者は、同じ病気を見るときでも、それぞれの理解が異なります。患者には病気の現象だけが見えます。図3―5に示すように、氷山を例とすれば、氷山の表面は見えますが、海面下に隠れている部分は見えません。そ

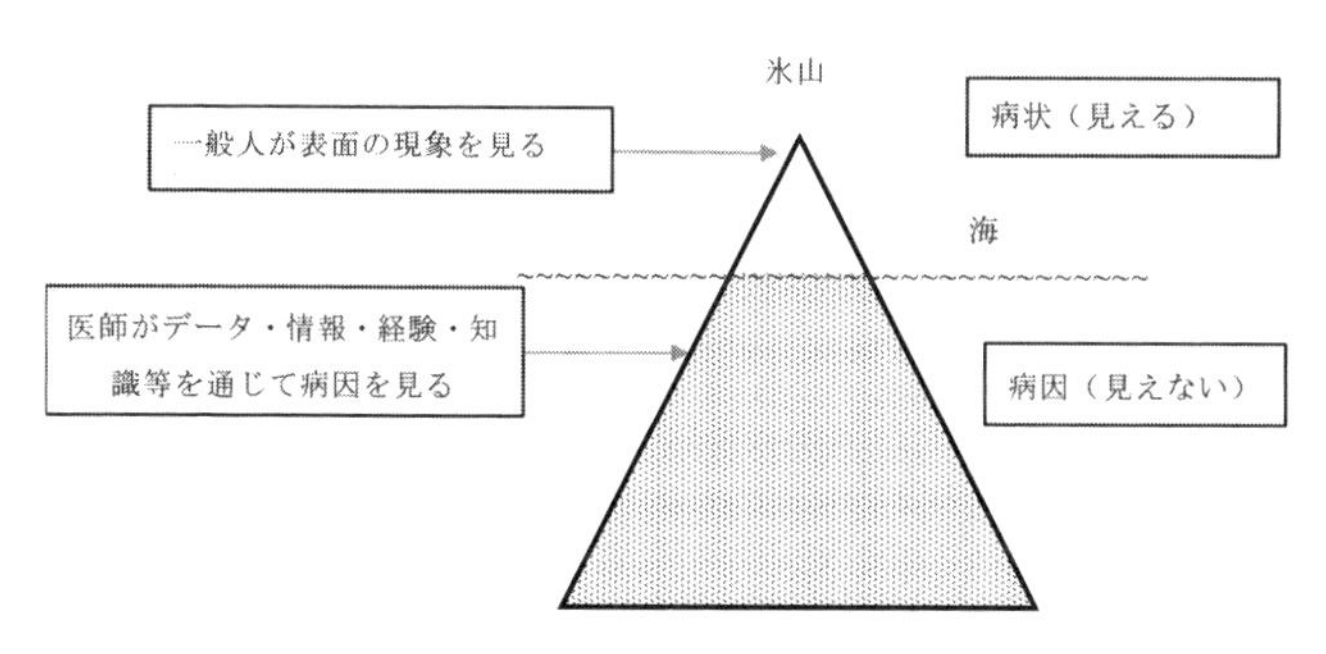

図３—５ 医師及び病人が病気を見る図

れに対して、医師は専門知識や経験、そして検査の結果などを通じて、海面下に隠れている病因及び治療方法まで見えるのです。

ですから、医師が持っている情報は患者とはまったく違います。患者はそれほど情報を持っていませんので、医師を信頼せざるを得ず、医師の判断により病気を治します。しかし、医師でさえ、持っている情報が不十分で、さらには間違っている場合もあり、判断を誤ることもあります。治療効果がよくない場合、病人は医師の治療方法などを疑います。特に、患者がたくさんのお金を使ってきたにもかかわらず、効果が思わしくない場合には、医師が病気を治療するよりもお金を儲けるために仕事をしているのではないかと思う恐れすらあります。これは、医患関係が悪くなる理由の一つでしょう。患者の持っている情報は医師と異なり、情報や知識の側面から治療方法の適切さを判断できないため、道徳という側面からしか推測できないわけです。

医師と患者の間にある情報の非対称性は、医師を選択する際に

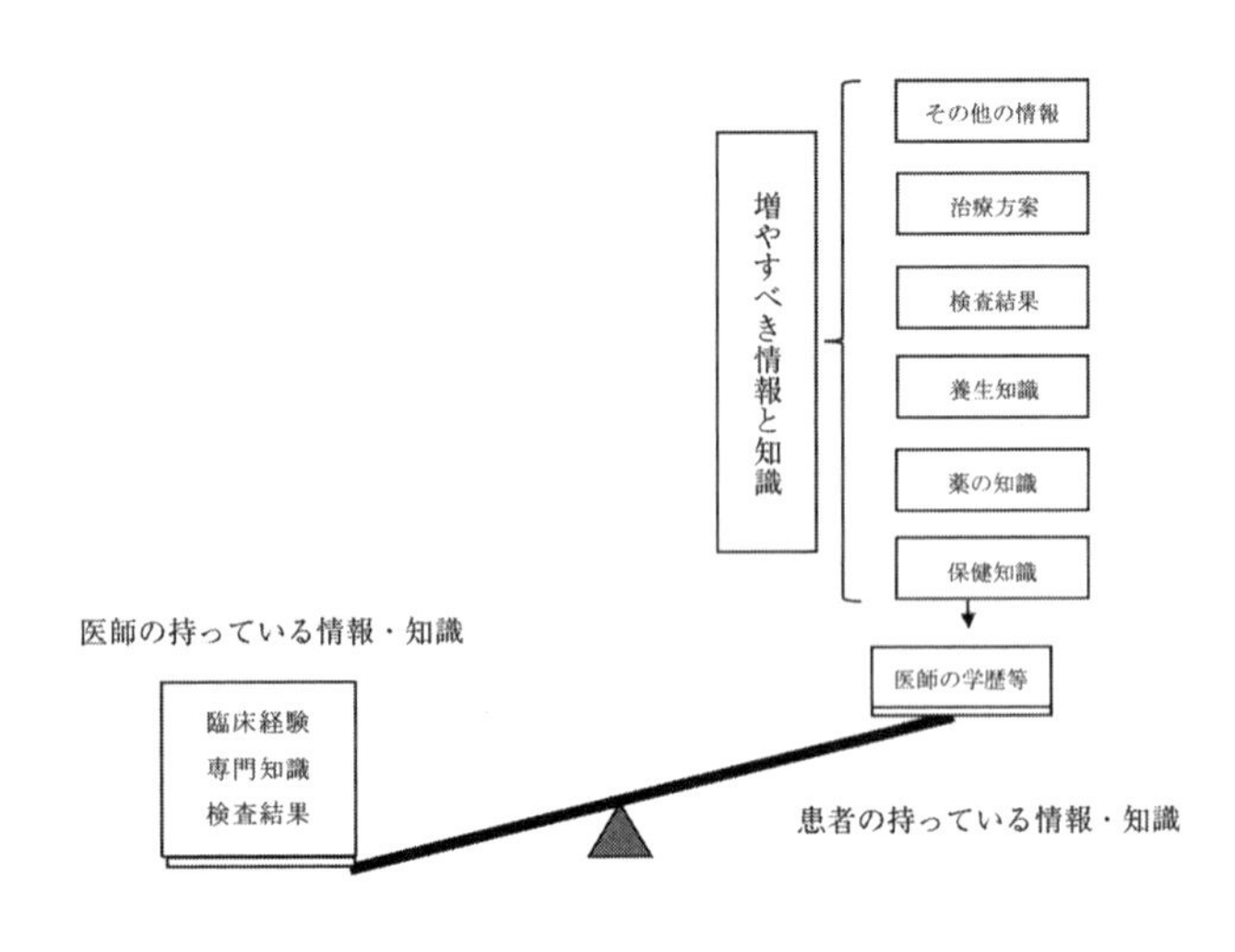

図3—6 医師と患者の情報知識量のバランス図

現れます。医師の選択は、スーパーでの買い物とは異なります。スーパーでは自分がどんなものが好きか、その価格はいくらか、などをすぐ見られますし、選択や場合によっては返品などもできます。しかし、医師が自分の病気を治す能力は、買い物と違い、すぐ見ることはできません。患者が医師を選ぶ際に、その医師の年齢、性別、出身大学、学歴、論文、経験などの情報はわかるかもしれませんが、自分の病気を治す能力は分かりません。ですから、医師を選択する患者は、小知や無知の状態におかれていると言えます。さらに、一度医者を選択すると、一回はその医者に診てもらうことになります。これは買い物と違い、返品ができません。ですから、図3—6に示すように、医患関係を変える一つの方法は、患者が病因や治療方法に関する情報や知識の量を増やすことです。

我々は、まず自分の情報や知識、経験などを広げ、社会や物事を見る視点を増やし、社会の理解を広げて、問題の本質や真因を見通すべきなのです。社会における各個人の視点・経験・情報などを集めれば、社会を見通す新しい視点ができるかもしれません。たとえば、「盲人が象に触れる」という話では、一人一人の盲人が触った部分は象の一部にすぎません。一人の盲人の情報は象の一部の情報のみで、視点は一つだけです。しかし、全員の情報を集めることができれば、象の全体像が見通せるかもしれません。

孔子は、情報や知識を収集・学習・理解する独自の方法を持っていました。その方法を通じて幅広い知識を身につけ、着実な基礎を立てました。次に、その方法の体系を見てみましょう。

学　情報収集及び知識獲得の７Ｗ１Ｈ

ここでは、孔子が情報や知識に対する理解や学習方法を、図３―７に示すように、７Ｗ・１Ｈ、すなわち、目的（ｗｈｙ）、対象（ｗｈｏｍ）、内容（ｗｈａｔ）、時間（ｗｈｅｎ）、場所（ｗｈｅｒｅ）、主体（ｗｈｏ）、障壁（ｗａｌｌ）、方法（ｈｏｗ）、という８つにまとめました。

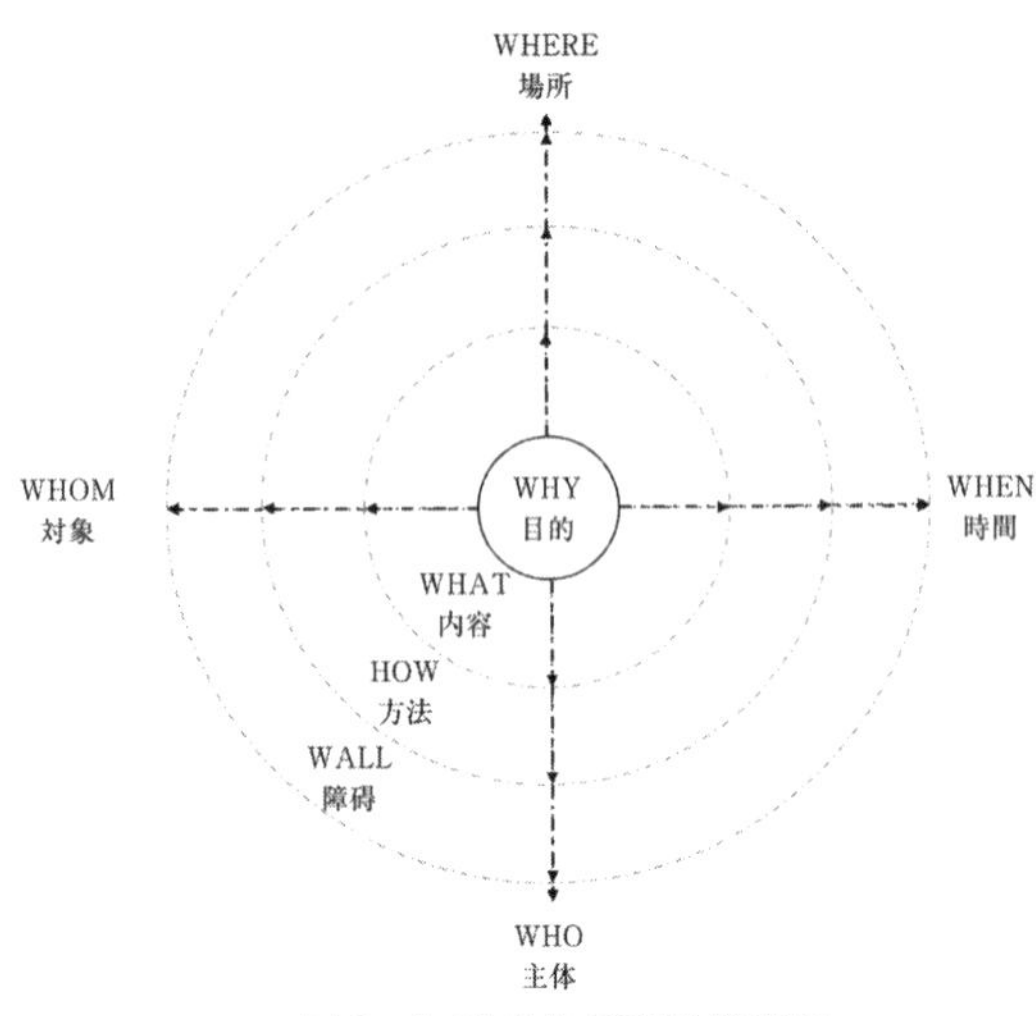

図3―7　孔子的7W1H学習図

目的（ｗｈｙ）

まず、学習の目的について説明します。

先生が言われた、「昔の学んだ人は自分の〈修養の〉ためにした。この頃の学ぶ人は人に知られたい為にする。」（憲問第十四―二十五）

学習は、自分自身の修養のため、もしくは有名になるためだと孔子は言っています。ここでは、孔子は、昔の学習者の方（自分の修養を向上すること）がいいと賛成し、次のように述べています。

子路が君子のことをおたずねした。

先生は言われた、「自分を修養して慎み深くすることだ。」

「そんなことだけでしょうか。」

「自分を修養して人を安らかにすることだ。」
「そんなことだけでしょうか。」
「自分を修養して万民を安らかにすることだ。自分を修養して万民を安らかにするということは、〈聖天子の〉尭・舜でさえも苦労をされた。」（憲問第十四― 四十四）

自分を向上させる修養・学習の目的は、百姓・国民を安心させ、社会の問題を解決することで、社会のニーズを満足させること、そして社会に貢献することです。

学習の対象（ｗｈｏｍ）と内容（ｗｈａｔ）

次に、学習の対象と内容について説明します。孔子は最も基礎的な学習対象がよい教材だと言っています。孔子は、『詩経』を非常に重視し、重要な教材として利用しました。

先生が言われた、「お前達、どうしてあの詩というものを学ばないのだ。詩は心をふるいたたせるし、物事を観察させるし、人々と一緒に仲良く居らせるし、怨みごともうまく言わせるものだ。近いところでは父にお仕えし、遠いところでは君にお仕えする〈こともできるその上に〉鳥獣草木の名前もたくさん覚えられる。」（陽貨第十七―九）

学習の第一歩は、いい教材を選択することです。選んだ後に、教材の内容を勉強していきます。孔子が自分の息子を教育する時には、詩を学ぶように求めました。

「詩を学ばなければ立派にものが言えない。」

「礼を学ばなければ安定してやっていけない。」（季氏第十六―十三）

また、人間も孔子の重要な学習対象でした。

先生が言われた、「私は三人で行動したら、きっとそこに自分の師を見つける。善い人を選んでそれを見習い、善くない人にはその善くないことを〈我が身について〉直すからだ。」（述而第七―二十一）

孔子は、誰にでも学ぶべき長所があると考え、人のいいところ・長所を勉強しなければならないといいます。しかし、学習には思考が必要で、すべての情報や知識をそのまま受け入れるのではなく、弁証的に勉強することが大事です。すなわち、他人のいい部分を見たら、その長所を勉強し、まねをします。よくない部分を見たら、自らをかえりみてすべてが反省し、同じミスを犯さないようにします。日常生活においては、勉強の心があれば、身のまわりすべてが勉強の機会となります。たとえばクラスメートや同僚、友達、彼らのことを観察し、どうして彼らがそのような行動・思考をしたのか、メリット・デメリットは何か、もし自分ならどうすればいいか、などを考えれば、勉強になるはずです。
毎日、少しでも知識や経験などを身につけていけば、物事への取り組み方・考え方などは、変わっていくでしょう。何も考えずに、勉強もしない人よりも優れた人になれるはずです。どんなことについても他人より少しでもすぐれていれば、必ずや機会が訪れるでしょう。

「私は三人で行動したら、きっとそこに自分の師を見つける」精神で世界を見れば、人間だけではなく、物事でさえも学習の対象となります。孔子の知識が豊富な秘訣はこんなところにあるのかもしれません。

時間（ｗｈｅｎ）と場所（ｗｈｅｒｅ）

衛の公孫朝が子貢にたずねて、「仲尼は誰に学んだのです」と言うと、子貢は答えた、「文王・武王の道はまだ駄目になってしまわないで人に残っています。すぐれた人はその大きなことを覚えていますし、優れない人でもその小さいことを覚えています。文王・武王の道はどこにでもあるのです。先生は誰にでも学ばれました。そしてまた別にきまった先生などは持たれなかったのです。」（子張第十九—二十二）

世の中のあらゆる人間と物事が学習対象となり得るので、教室で静かに本を読むだけではなく、学習はいつでもどこでもできます。学校での学習時間は、おそらく人生の5分の1にすぎません。大部分の学習は、社会での学習です。学生生活が終わって社会に入ると、一日中、あるいは連続何時間と勉強する機会が少なくなります。忙しい毎日の中でわずかな時間を利活用し、勉強するのがいい方法です。

方法（ｈｏｗ）

知識は、生まれつきではなく、学習を通じて獲得されるものです。

先生が言われた、「私は生まれつきでものごとをわきまえた者ではない。昔のことを愛好して一所懸命に探究している者だ。」（述而第七―十九）

孔子の幅広い知識・知恵などは、努力して得たものです。では、孔子はどのように学習したのでしょうか。どのように情報・知識を獲得したのでしょうか。

先生がいわれた、「あるいはもの知りでもないのに創作する者もあろうが、私はそんなことはない。たくさん聞いて善いものを選んで従い、たくさん見て覚えておく。それはもの知り〈ではないまでも、そ〉

の次である。」（述而第七―二十七）

孔子から見れば、よく聴き・よく見ることで、知識や視野を拡大できます。ある大学の先生は、もとは中小企業診断士をしていたのですが、年をとってから大学で学生支援に関係する仕事に就きました。その先生によると、中小企業診断士になるためには、知識はもちろん、企業を見に行くことも必要だと言います。いろいろな企業を見ると、どの企業がいい企業か、悪い企業かが、分かってくるのだそうです。企業だけではなく、たとえば違う地方・国を見ることは、視野の拡大に役立つと思われます。すなわち、「万巻の書を読み、千里の道をゆく」です。

よく聴き・よく見ること以外に、分からないことがあるのならば、訊くことで情報・知識を獲得できます。

「大廟の中では、儀礼を一つ一つたずねられた。」（郷党第十―十八）

見たことや、聴いたことや、訊いたこと（情報・データなど）を整理・分析・思考して、自分のものにすることが大事です。その過程においては、よく考えることが必要です。

子張が禄を取るためのことを学ぼうとした。

先生はいわれた、「たくさん聞いて疑わしいところはやめ、それ以外の〈自信の持てる〉ことを慎重に口にしていけば、あやまちは少なくなる。たくさん見てあやふやなところはやめ、それ以外の〈確実な〉ことを慎重に実行していけば、後悔は少なくなる。ことばにあやまちが少なく、行動に後悔がなければ、禄はそこに自然に得られるものだ。〈禄を得るために特別な勉強などというものはない〉」（為政第二―十八）

主体（who）

曾子がいった、「君子は文事〈詩書礼楽〉によって友達を集め、友達によって仁の徳〈の成長〉を助ける。」（顔淵第十二―二十四）

学習の主体は、孔子の時代だけではなく、現代でも同じです。一人でコツコツ勉強するのには、限界があります。一人の能力・時間・視野は有限です。しかし友達と一緒に勉強すると、広く多く学習することができます。すなわち、学習の主体は、一人でもいいですし、数人でも良いです。たとえば、組織、団体、企業などが学習の主体になれます。例として、以前参加したゼミのやり方について少し説明します。そのゼミでは本の輪読を行いました。たいてい午後1時から始まり、5時に終わります。先生が用意した本の中から学生が各自一冊を選択しそれを発表する形式です。学生の数は、10人くらいですから、毎回10人がそれぞれ10冊の本を発表します。つまり、毎回10冊の本を読むのと同じ効果があるのです。内容が近い本の場合だと、それぞれが異なる視点から解釈しており、これが視野を広げていくことになります。

現在、誰もが忙しくなり、本を読む時間が徐々に少なくなっています。しかし、自分が読んだ本を他人とシェアできれば、その欠点を改善できるかもしれません。それゆえに、孔子は、友達と一緒に勉強し、進歩することを非常に大事にしています。

障壁（ｗａｌｌ）

冉求が「先生の道を〈学ぶことを〉うれしく思わないわけではありませんが、力がたりないのです」といったので、先生はいわれた、「力の足りないものは〈進めるだけは進んで〉中途でやめることになるが、今お前は自分から見きりをつけている。」（雍也第六―十二）

学習は、非常に重要ですが、現実の日常生活においては、多くの人が、学ばないことのもっともらしい言い訳を見つけ、学習しません。これが恐らく学習における最大の障壁です。「学習無用論」を唱える人もいます。たとえば、ビル・ゲイツが大学を卒業していないにもかかわらず、世界レベルの会社を経営していることを例にとって、学習は役に立たないと言う人が中国にはいます。しかし、そうしたもの言いには間違っているところがあります。大学での学習が唯一の学習だというような捉え方をしているところです。大学で勉強することは能力が向上することは多くの人に認められています。確かにビル・ゲイツは大学を卒業していませんが、コンピュータなどに関する様々な知識を学習していました。大学を卒業していない、すなわち、知識や能力がないことではありませんし、かといって学習が不要ということでもありません。

ところで、ゲームで遊ぶと頭をよくなると信じている人もいるかもしれません。若い人と話していて話がゲームに及ぶと、興奮(こうふん)してあれこれ話すのですが、学習や仕事のことになると急に自信がなさげに話す、ということがあります。彼らが遊んでいるゲームの中には、頭を良くするものがあるかもしれませんが、アクションやシューティングゲームの方がずっと多いでしょう。そのようなゲームで何が得られるかは分かりませんが、彼らの中には簡単な仕事の能力もあまりないように思える人もいます。

聡明(そうめい)・頭がいい、というのは曖昧な概念です。もし、ゲームで遊ぶことで頭を良くすることができるとすれば、どこがよくなるのでしょうか。学習能力か、仕事能力か、それとも問題解決能力が向上するのでしょうか。ゲームは、能力を向上させるよりも、プログラムされたものに対して適応する能力を向上させることができると言えます。しかし、それで頭がいいと言えるでしょうか。ゲームに時間をかけるよりも、むしろ勉強したほうが知識は多くなるはずです。

学習無用論は、現在の情報社会にもつながっています。情報が必要ならば、ネットで検索すれば、すぐ出てきます。記憶する必要がなくなり、非常に便利です。確かに、ネット上では、莫大な情報がありますが、役に立たない情報もたくさんあります。そこで我々は、どのような情報がいい情報で、どのような情報が問題解決に役立たないか、を判断しなければなりません。そのためには、情報を収集することだけではなく、収集した物を整理し分析し、役に立つ情報を探し出さねばなりません。情報社会においては、正しく情報を判断するため、逆に学習の必要性は高まるのです。

先生が言われた、「道路で聞いてそのまま途中で話してしまうというのは、〈よく考えて身に付けようとはしないのだから〉徳を棄てるものだ。」（陽貨第十七―十四）

大量の情報を選別する際には、情報の信頼性や正確性に注意し、他人の意見を弁証的に聞いて、判断する能力が必要です。他人の話や専門家の話だけに頼ることはすべきではありません。

我々は、専門家や他人の意見が必ず正しいと思いがちで、専門家や他人の言うことを問題解決や評価の基準として考えることがしばしばあります。また、それにより、本来の評価基準や問題解決の真因・あるべき姿などを自分で追求しなくなってしまう恐れがあります。図３―８に示すように、専門家の意見は片面性和局限性という性質があります。他人の立場や視点は異なるため、彼ら（専門家など）の問題解決法や評価が必ずしも正しいもの（物事の理想形・本質・目的・機能など）であるとは限らないのです。このことには十分に注意をしなければなりません。他人や専門家の言ったことが必ずしも正しいと思い込むべきではない、最終的には自ら学習し、知識や情報を整理・分析し、思考し、最終的な判断を下すべきであると、心得ておくべきです。

もし、他人の基準をそのままに受け入れて、他人の基準を自分の基準にしたら、自分で物事を判断する能力が次第になくなり、問題意識もなくなってしまいます。

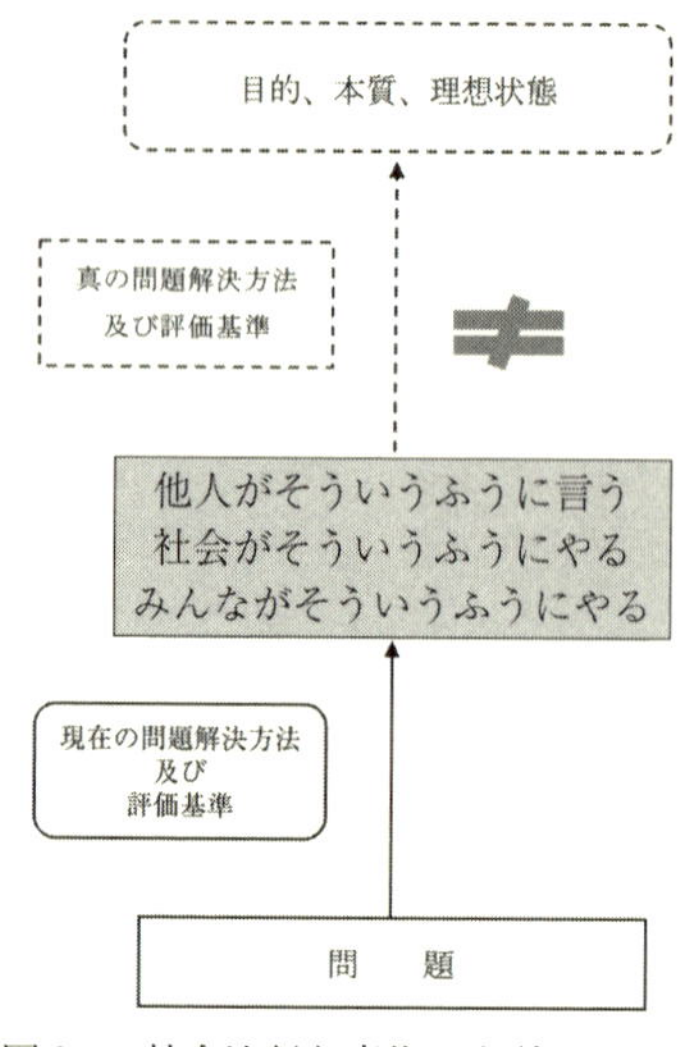

図3—8 社会流行と事物の本質の区別図

先生がいわれた、「学んでも考えなければ〈ものごとは〉はっきりしない。考えても学ばなければ〈独断に陥(おちい)って〉危険である。」（為政第二―十五）

さらに、日常生活において、我々にとってもっと必要なものは知恵です。孔子は我々に、どのようなものが知恵であるのかを教えてくれます。

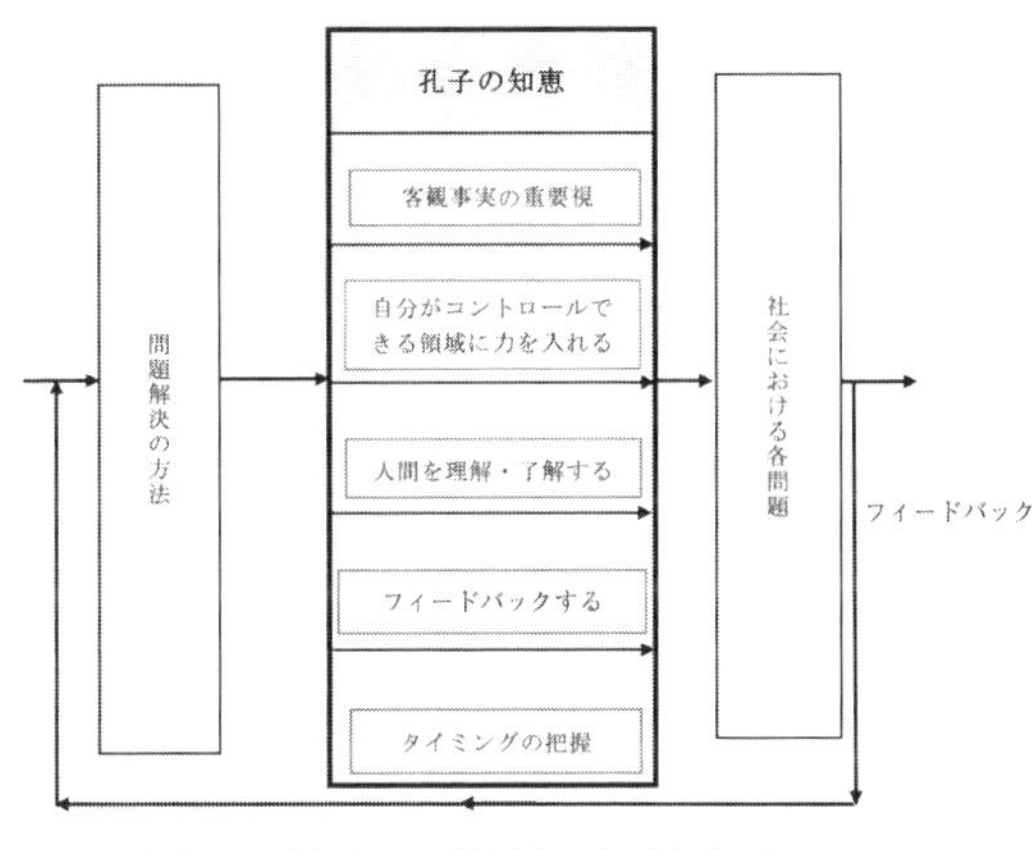

図３—９ 孔子の５種類知恵の構成図

知恵　問題解決の極意

問題解決の視点から見れば、孔子の知恵は、図３—９に示すように、客観的事実の重要視、自分がコントロールできる領域に力を入れる、人間を理解・了解する、フィードバックする、タイミングの把握という５つの部分にまとめられます。もし我々がこれら５種類の知恵を持つことが出来れば、日常生活で、問題に対して恐れを抱くことはなくなるでしょう。以下、孔子の知恵を順に紹介します。

知恵１　客観的事実の重要視

まず、弟子樊遅が、知とは何であるかと孔子に質問したとき、孔子はこのように答えました。

樊遅が智のことをおたずねすると、先生は言われた、「人としての正しい道を励み、神霊には大切にしながらも遠ざかっている、それが智といえることだ」仁のことをおたずねすると、言われた、「仁の人は難しい事を先にして利益は後のことにする、それが仁といえることだ。」（雍也第六―二十二）

科学が非常に発展した現代でも、依然として科学で解明できていない現象は数多くあります。それが2500年前のことであれば、解釈できない物事は今よりもずっと多かったことは間違いありません。解釈できない物事（あるいは神秘）に対する孔子の態度は、尊敬はしながらも距離をおいていたようです。つまり、自分が掌握できない部分までをも取り入れて物事を判断するのではなく、認識・理解・把握できる部分を現実として取り入れ、物事を判断するというアプローチをとっていました。実際の生活では、神秘的なものを信じている人は多いでしょう。2500年前にも、迷信活動は存在しました。それは孔子の周りでも例外ではなかったものと思われます。

先生病気が重かったので、子路はお祈りしたいと願った。先生が「そういうことが有ったか」と言われると、子路は答えて「有ります。爾（なんじ）の言葉に『なんじのことを天地（あめつち）の神々に祈る』とみえます」と言った。先生は言われた、「自分のお祈りは久しいことだ。〈ことごとしく祈ることはない〉」（述而第七―

三十四）

科学が非常に発展した現代でも、神秘的なものを信じている人がいます。中国の農村では、病気になったら病院に行かず、迷信に基づく治療を行います。とくに、ひどい病気の場合は神様や仏様を拝んで線香を焚きます。

神秘的な「運」とは

病気の時だけではなく、高考（中国版の大学センター試験）の前にも廟で線香を焚く人が非常にたくさんいます。自分の子どもがいい運を授かるように祈るのです。運というものは、実際にあるように思える時もあります。たとえば、試験を受けた時に、選択肢の中から１つ答えを選ばなければならない場合、実際の答えは知らないにもかかわらず、カンが当たったと言う人も多いかもしれません。

しかし、たとえば４つの選択肢があるとして、その中で一つか二つは絶対に正解ではないと確信でき、残りの二つの中から一つを選択すれば当たる可能性は高くなるでしょう。ですから、試験で運がいいというのは、確率がいいと言うべきかもしれません。これが記述式の問題だったら、勉強していなければ、絶対に答えを出せないでしょう。また、復習した問題がたまたま出たという事なれば、それは運と言うよりも勉強した結果であり、努力プラス確率の結果となります。

また、商売を行う人の中には線香をよく焚いたり、招き猫を会社に置いている人も多いです。さらに、農業をやる人で線香を焚いている人もいます。線香を焚けばだれでもおカネ儲けができるのでしょうか。あたりまえの話ですが、いい企業は、線香を焚くよりも、質、製品開発、サービス、マネジメント等に重点をおきます。線香を焚いても、直接利益につながることはなく、心理的な効果が期待できる程度です。ですから孔子も神秘的なものに力をさく人を批判しています。

先生がいわれた、「臧文仲は卜(うらな)いに使う大亀甲(きっこう)をしまっていたし、柱の上のますがたに山をほり、梁(はり)の上の短い柱に藻(も)を描い〈て天子でなければできないことをし〉た。どうかな、それで智者だとは。」(公冶長第五―十八)

亀の甲で占いをしていたので、孔子は、臧文仲のことを無知と批判しました。臧文仲は己の能力を国民や社会のニーズ(義)を満足させるために使っていません。占い以外にも、中国の文化では、そうしたオカルト的なものが多くあります。たとえば、風水、手相、人相などです。

占いの真相

筆者の後輩が中国に帰る前に、送別会がありました。送別会ではいろいろな話をしました。その中で、彼が占いのことを話してくれました。彼は奥さんと一緒に中国に帰って、故郷で占い師に占ってもらったそうです。その占い師は、彼らが海外に留学していることを知らないはずですが、彼らが外で生活していて、去年、家では何かがあった、貴方の運が西にあり、大金はないが小金が絶えず来る運命だと言ったそうです。後輩は、「私たちは確かに外で生活していますし、父親が去年手術しました。家は不動産ビジネスをやっていますから、確かに小金が絶えず来るような気がします。非常に素晴らしい占い師です」と言いました。

占い師の話はいろいろな解釈ができます。ちょっと別の角度から解釈してみます。まず、「外で生活している」という話ですが、後輩夫婦は海外で長期生活をしていますから、服装や話し方、雰囲気が違います。観察力が鋭い人なら、すぐにわかるはずです。また、「外」とはどこのことでしょうか。家の外か、村の外か、町の外か、それとも国の外でしょうか。現在の若者は、自分の出身地ではない場所で働いている人が多いです。これも外で生活していることになるのでしょうか。「外」という言葉は、非常に幅が広くて、曖昧です。もし家のそばであっても、おそらく仕事の場所は全部「外」になりますから、占い師の話も正しいことになります。

「去年何かあった」という話も曖昧です。病気か、けんかか、事故か、ビジネスか、物忘れか、何を指すのか分かりません。もし、病気か何かとすれば、一年の間に家の人で誰かしら風邪か何か病気になる可能性は否定できません。ですから、何かあったという話は、非常に正しいです。

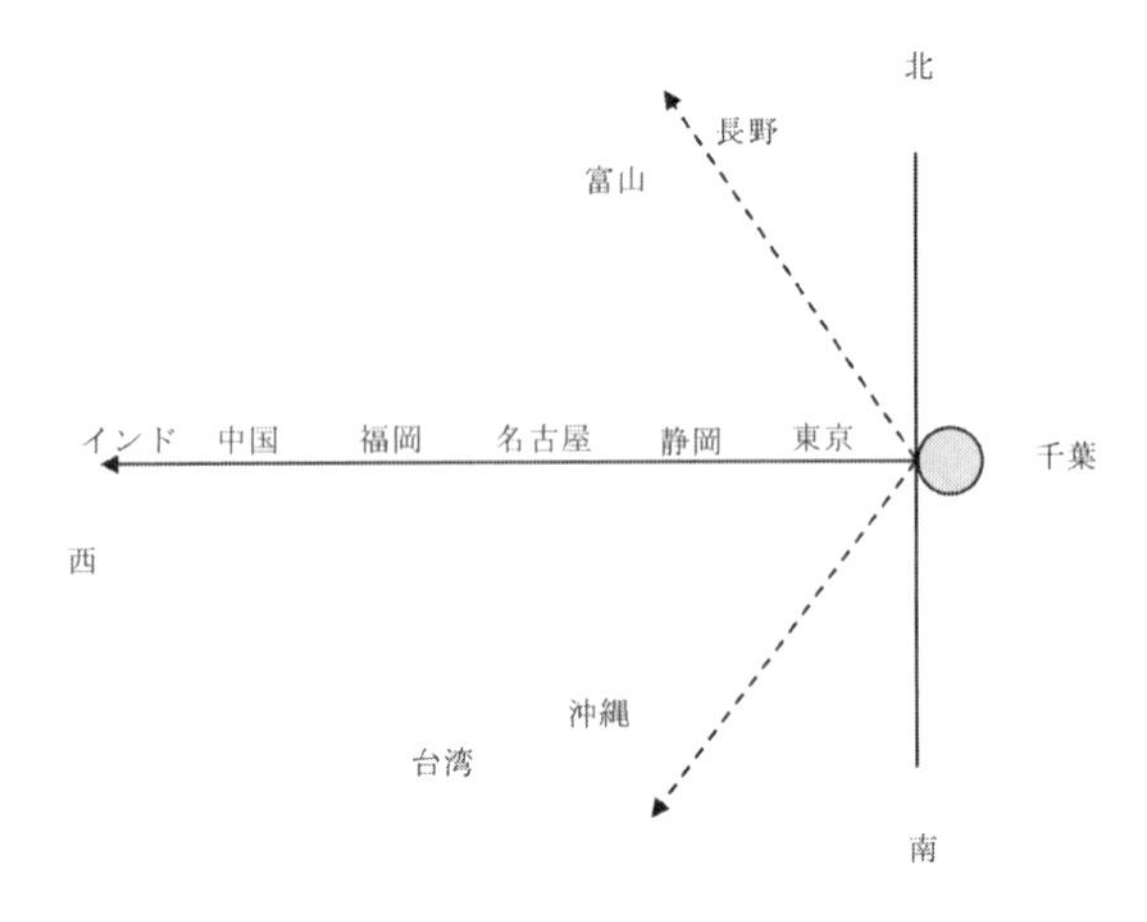

図3―10 西はどこか

さらに、「運が西にある」という言葉は、どこから見ての西なのかということに疑問をもってしまいます。家か、人か、仕事場所か、行きたいところかによって指し示す場所がまったく異なります。たとえば、図3―10を見ると、東京は、千葉の西ですが、静岡は東京の西です。名古屋は静岡の西となります。中国は、日本の西ですが、インドや欧米は中国の西となってきます。なお、西には、南西や北西も含まれます。ですから、どこからの視点かはっきりしないと、どこでも西として考えられます。「運が西にある」という話は、どこでも運がいいと解釈することも可能です。

また、「大金はないが小金が絶えず来る運命」という話は、大金がいくらで、小金がいくらなのでしょうか。分からないです。100万、1000万、1億が大金でしょうか。1万、5万、10万が小金でしょうか。

大小の基準は人により異なり、かなり曖昧です。なお、商売をしている人とは別に、アルバイトや派遣社員や会社員などは給料をもらいますから、「小金」とも言えます。結局、占い師の話は、どんな人でも当てはまる話になっているのです。

以上は、ファジー理論や確率の視点から占い師の話をしたものです。占い師の話は曖昧だからこそ、いろいろな解釈ができます。占ってもらった人は、自分のことを言われて当たっているような感じがしてしまいますが、実際には自分に都合のいい解釈をして、自分で勝手に納得しているのです。

季路（きろ）が神霊に仕えることをおたずねした。
先生は言われた、「人に仕えることもできないのに、どうして神霊に仕えられよう。」
「恐れ入りますが死のことをおたずねします」というと、「生も分からないのに、どうして死が分かろう。」（先進第十一―十二）

「生も分からないのに、どうして死が分かろう」は、いまだに生というものを知らないのに、死んだ後のことなどわかるものか（いや、わかるわけがない）という意味です。ですから、そんなに把握できないことは考えずに、日常生活に力を入れて、どのように人と付き合うか、どのように自分の生活を送るか、をしっかり考えた方がいいでしょう。

孔子にとって、知恵は、占いのような神秘的なものではない、簡単なことです。それは、国民のニーズ、社会のニーズを満足させることです。すなわち、日常生活でのいろいろな問題を解決することです。知恵は、問題解決の中に現れます。知恵の目的は、問題を解決することであり、人生・生活・仕事などの問題を解決することです。マクロ的な視点から見れば、社会の問題、全人類の問題なども含みます。

知恵は、頭がいいということとは違います。頭がいいとは、回転がはやい、理解能力やロジック能力、記憶力、学習能力が高いとか、知識量が多いなどと言い換えてもいいでしょう。しかし、頭がいい人は、悪いことをしたり、人に害を加える恐れがあります。たとえば、詐欺犯は、たいてい頭がいいでしょう。頭が悪ければ、人をだますことができません。しかし、詐欺犯には知恵があるとは言えません。知恵と頭がいいことの違いは、その目的にあります。すなわち、それを用いて社会の問題、人類の問題を解決しているのか、ということです。人類の発展のためいい解決方法を提供できるかどうかが、両者の根本的な違いなのです。

知恵2　人間を理解・了解する

知恵は、社会の問題や生活の問題を解決するのに役立ちますが、具体的にはどのようにすればいいのでしょうか。

樊遅が智のことをおたずねすると、「人を知ることだ」と言われた。

樊遅はまだよく分からなかった。

先生は言われた、「正しい人々をひきたてて邪悪（よこしま）な人々の上に位（くらい）づけたなら、邪悪（よこしま）な人々も正しくさせることができる。」（顔淵第十二―二十二）

知恵は、他人の性格・行動などを理解することです。どうして他人を理解することを知恵と言うのでしょうか。孔子の解釈は、「**正しい人々をひきたてて邪悪な人々の上に位づけたなら、邪悪な人々も正しくさせることができる**」というものです。他人を知る目的とは、その人を活用するためです。そして、人を活用するのは問題を解決し、社会・国を治めるためです。問題を解決し、社会・国を治めるためには、人を正しく活かすことが必要です。そのためには、人を知ることが大事です。他人を知ることはその人を評価することだと言えます。しかし、人間を評価するのは、非常に難しいです。なぜなら、評価尺度、評価主体、評価目的、評価方法などが異なると、評価結果も異なるからです。正確で客観的な評価は非常に困難なのです。しかし、正確に評価することができなければ、いいか悪いかが判断できない場合もあります。その結果として、社会が混乱することもあり得ます。ですから、評価を正しく行うためには、他人を正しく知ることが必要です。それは、「知恵がある」というふうにも言えます。ゆえに他人を知ることは知恵なのです。

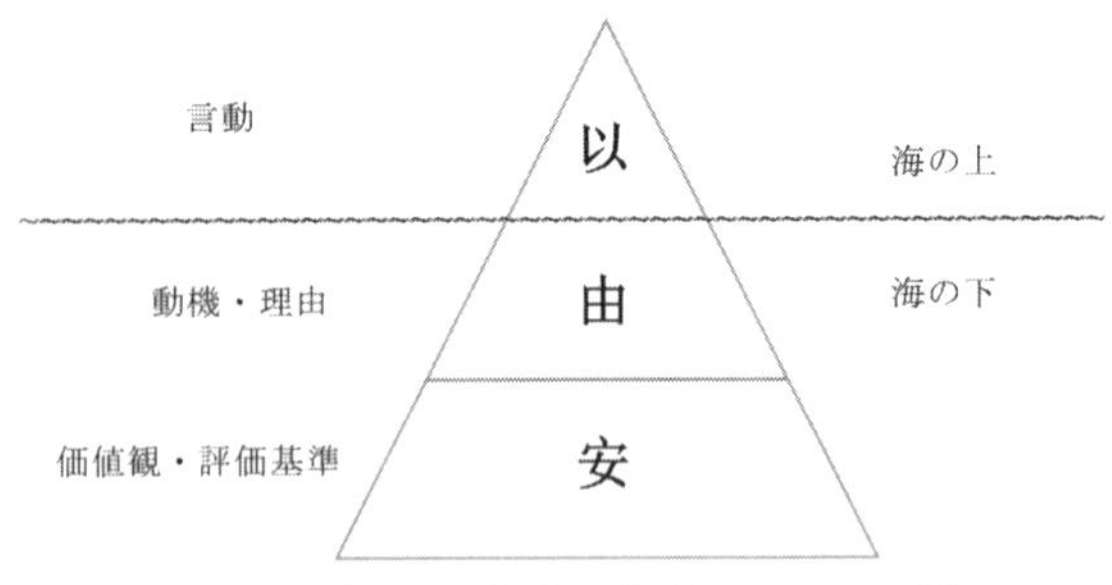

図3―11　他人を了解する孔子的3ステップ法

孔子は、他人を知る目的だけでなく、他人を知る方法をも教えてくれます。

先生がいわれた、「その人のふるまいを見、その人の経歴を観察し、その人の落ちつきどころを調べたなら、〈その人柄は〉どんな人でも隠せない。どんな人でも隠せない。」（為政第二―十）

人間の性格や能力などは、その言動に表れます。言い換えれば、人間の言動はその動機や価値観などを背後に隠しています。言動がわかれば、価値観・性格が見えてきます。すなわち、現象から本質が見えるのです。図3―11に示すように、方法が正しければ、誰もが他人から理解されますし、誰もが他人を理解できます。孔子は、他人をよく知ることを知恵としました。これは誰にでも実行可能な知恵と言えます。

知恵3　自分がコントロールできる領域に力を入れる

人間を知る「方法」だけではなく、人間を知る「方向」も大事です。すなわち、自分が他人を知るか、他人が自分を知るか、という意味での方向です。方向が違うと、結果がまったく違います。日常生活においては、誰も私のことを知らないけれど、人生に一人だけでも自分のことをわかってくれる人がいればいいな、と言っている人をよく見かけます。しかし、孔子は、それに対して別の考え方を持っています。

先生がいわれた、「人が自分を知ってくれないことを気にかけないで、人を知らないことを気にかけることだ。」（学而第一―十六）

友達が私のことを理解してくれない、上司も私のことを理解してくれない、誰も私のことを分かってくれない、と恨みごとを言っている人を見かけます。しかし孔子にとって、他人が自分のことを知らない、理解できないということは、結局他人のことです。自分でコントロールできないわけです。自分ができることは、他人を理解することです。それに関しては、把握・コントロールできます。ですので、他人が自分のことを理解してくれないことをとやかく言うより、どうやったら他人・友達・上司を理解できるかを考えた方がいいでしょう。そうすれば生活はきっと明るく、楽観的になるはずです。

他人を理解するか、他人に理解されるか、理解の主体（視点の方向）が異なると、結果がまったく異なります。視点の方向によって、ある人に知恵があるかどうかが決まると言えます。この方向は、力や時間を自分がコントロールできない領域や、神秘的なものに向けるのではなく、自分がコントロールできる領域に向けること、と理解できます。図3—12に示すように、方向を外の円に向ける、つまり自分の力を他人の（自分では変えることの出来ない）方向に向けて、言い換えれば、自分自身を変えることを考えていない状態は、孔子から見れば無知、すなわち知恵がないということになります。孔子の知恵とは、力や時間を自分でコントロールでき、改善できるところに使います。そうすることで、問題の改善や、解決が可能になるからです。

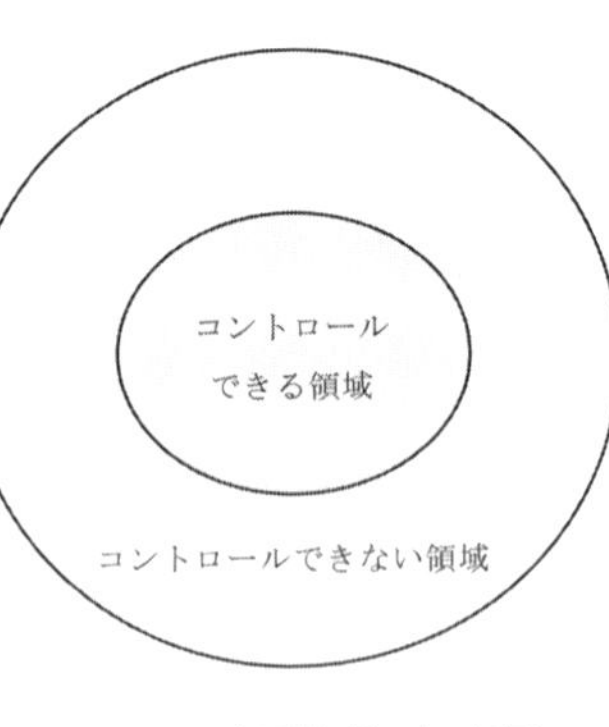

図3—12　自己管理の知恵図

文句を言うより、自分の能力を向上させる

力や時間を自分がコントロールできる領域に置く「知恵」は、日常生活の様々な場面で使えます。たとえば就職です。

先生がいわれた「地位のないことを気にかけないで、地位を得るための〈正しい〉方法を気にかけることだ。自分を認めてくれる人がいないことを気にかけないで、認められるだけのことをしようと勤めることだ。」（里仁第四―十四）

仕事のポストがないことをとやかく言うよりも、自分の仕事の能力を心配することが大事です。しかし、孔子の教訓に反して、現代社会では社会が不公平で、自分に人脈がないためにいい仕事ができない、と不満を持っている人をよく見かけます。大学では、あまり努力していないのに、勉強してもいい仕事に就けない、それより影響力のある両親がいればよかった、などと言っている学生がいます。そういう考え方は、知恵とは言えません。自分の出身は自分では選択できませんし、変えることもできませんが、自分が勉強するかどうかは、選択できます。家庭の条件が悪いのは、恨みだけでは変えられません。しかし、自分の心持・態度・行動は自分で変えることができます。

自分に問いかけてみましょう。不満を言っているだけなのではないですか。本当に努力していますか。力を自分がコントロールできる物事にきちんと向けていますか。自分が追求している方向は間違っていませんか。様々な知識を身につけていますか。企業や会社に貢献していますか。文句を言うよりも、自分の能力を向上させ、勉強していくこと。それこそが知恵でしょう。

先生がいわれた、「知ったことは知ったこととし、知らないことは知らないこととする、それが知るということだ。」（為政第二―十七）

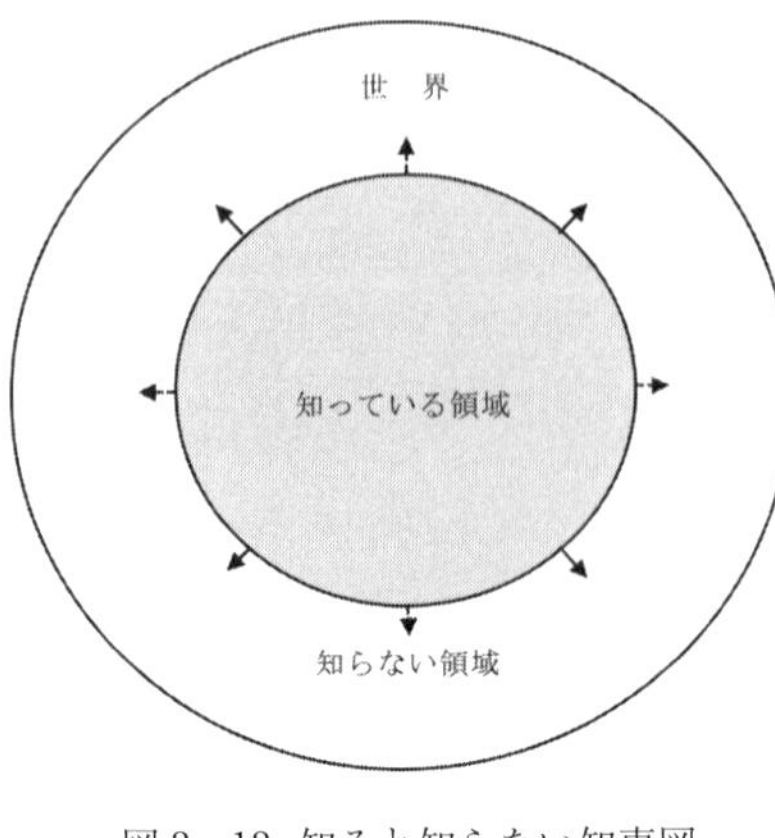

図3―13　知ると知らない知恵図

知らないことはコントロールできない

知恵は、自分が知っていることと知らないことをはっきりさせ、知らないのに知っているフリをするのではなく、知らないことを正直に認めることです。逆にいえば、どこが分かっていて、どこが分からないかを認める態度・姿勢が知恵です。孔子の知恵に対する説明は図3―13に示すように非常に単純明快です。この世界では、自分が身に付けていた知識は、ごく一部だけであり、知らないことのほうが多いのです。問題解決の視点から見れば、自分の不足する部分を理解すれば、問題がどこにあるか客観的に評価できますから、自分の不足・問題点を改善することができます。また、知恵は、自分が理解している領域を拡大させ、知らない領域を減少させます。

情報社会では、知識量が膨大なので、個人の能力や頭ですべての学問を把握することはできません。しかし、具体的な問題解決や物事を処理する過程においては、異なった職種・専門の連携・協働などの総合的な方法が必要となってきます。そのような場合には、知っていることは知っているとし、知らないことは知りないとすべきです。もし、知らないのにもかかわらず知っているフリをすれば、具体的な問題解決に必ず問題が出てきます。いったん問題が起きてから、あわてて解決方法や改善方法などを考えるより、まず知らない部分を認め、他人の意見を聞いていい解決方法・対策などを考えて、問題を未然に防ぐことこそ知恵だといえます。

４つの学習タイプからみた知恵

日常生活では、我々は学習を通じて自分が知っている領域を拡大させ、知らない領域を減少させます。孔子は、学習に関する知恵について、４種類の知恵に言及しています。

孔子が言われた、「生まれ付いての物知りは一番上だ。学んで知るのはその次ぎだ。行き詰まって学ぶ人はまたその次ぎだ。行き詰まっても学ぼうとしないのは、人民でも最も下等だ。」（季氏第十六―九）

一番目（第一種とする）の「**生まれ付いての物知り**」は、この世の中にはほとんどおらず、孔子自身も二番目（第二種とする）の「学んで知る」人間であると言いました。二番目と三番目（第三種とする）の「行き詰まって学ぶ人」との違いは、前者は問題が出てから何か勉強しようとするのではなく、事前に物事の進展を推測でき、どのような知識が重要で、どのような知識を勉強すべきであるかを知っており、またそのような意識が常にある人です。問題解決では、第三種は、第二種の人間よりも遅いですが、四番目（第四種とする）の「行き詰まっても学ぼうとしない」よりはましです。なぜなら、第四種の人は、問題があっても解決策を考えたり、勉強をしません。ですから、第四種の人間は、おそらく永遠に問題解決できないのです。

知識を獲得できるかどうかで考えれば、第1種、第2種、第3種は過程こそ違いますが、結果的には知識を獲得でき、問題を解決できます。しかし、第4種の人間は、知識を獲得もしませんし、問題も解決できません。前3者と第4種の違いは、学習するかどうかというところにあります。ゆえに孔子は、学習を通じて知恵を獲得することの重要さを指摘したのです。

智慧4　フィードバックする

「行き詰まって学ぶ人」と「行き詰まっても学ぼうとしない人」の違いはまた、孔子のもう1つの知恵を内包しています。すなわち、フィードバックのサイクルです。「行き詰まっても学ぼうとしない人」はフィードバックをしません。これに対し「行き詰まって学ぶ人」は、フィードバックをして問題を発見し、自分の不足を見つけて改善すべき部分や前進すべき部分を把握し、さらに新しい目標を確認して新しい知識を学び、新しい措置をとることで、新しい循環をつくり出します。人類の文明は、人類が知らない領域を減少させ、改善し、絶えずフィードバックすることで発展してきました。ですから、フィードバックとは、知恵なのです。以下の孔子の教訓からその知恵を見ることができます。

ステップ１：

先生がいわれた、「学んでは適当な時期におさらいをする、いかにも心嬉しいことだね。〈そのたびに理解が深まって向上していくのだから〉だれか友達が遠い所からも尋ねて来る、いかにも楽しいことだね。〈同じ道について語り合えるから〉人が分かってくれなくても気にかけない、いかにも君主だね〈凡人にはできないことだから。〉」（学而第一――一）

ステップ２：

曾子がいった、「私は毎日何度も我が身について反省する。人の為に考えてあげて真心からできなかったのではないか。友達と交際して誠実でなかったのではないか。よくおさらいもしないことを〈受け売

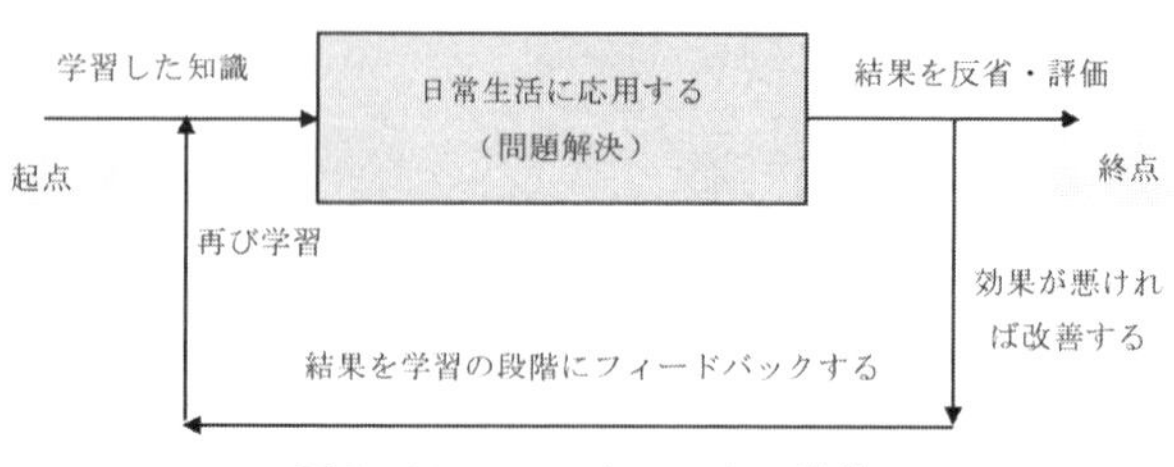

図3―14　フィードバックの過程

りで〉人に教えたのではないかと。」（学而第一―四）

ステップ3：
先生が言われた、「過ちを改めない、これを〈本当の〉過ちというのだ。」（衛霊公第十五―三十）

ステップ4：
孔子が言われた、「生まれ付いての物知りは一番上だ。学んで知るのはその次ぎだ。行き詰まって学ぶ人はまたその次ぎだ。行き詰まっても学ぼうとしないのは、人民でも最も下等だ。」（季氏第十六―九）

ステップ1（学んでは適当な時期におさらいをする）は、学習した知識を実践に応用して、日常生活の問題を解決することです。ステップ2（我が身について反省する）は、ステップ1の結果を評価し、反省することです。ステップ3（過ちを改める）は、結果がよくなければ、それを改善・改正します。ステップ4（行き詰まって学ぶ）は、結果を改善や改正するために、新しい知識を勉強します。以上述べた過程は、図3―14に示すように、知識を応用した結果を評価・反省し、それをフィードバックして、ふたたび最初の学習・知識獲得に生かすというように、完成されたフィードバックのサイクルになっています。

我々は、第三種の知恵「自分がコントロールできる領域に力を入れる」において、自分がコントロールできる領域に力をいれることを強調しました。それは、自分がコントロールできる領域からこそフィードバックの結果が得られ、それにより改善や改良を継続的に進めることができるからです。「国民のニーズを満足させること」「他人を了解すること」「欠点を改善すること」「自分の能力を心配すること」なども自分がコントロールできるとともに、フィードバックできる物事です。

智慧5　タイミングの把握

必要な人のために必要な時に必要なことをすることが知恵です。ですから、知恵にはタイミングが大事です。タイミングが良くなければ知恵とは言えません。

陽貨（ようか）が孔子に向かって言うには、政治をすることが好きなのにたびたびその機会を逃がしていて、智

と言えますか。もちろん言えない。（陽貨第十七―一）

いつ何をやるべきか、ということは知恵です。そうした知恵は、時間に対する理解に表れます。それについては、次章で詳しく説明しましょう。

第4章 時 時間に関する問題意識

この世界において、公平な物事はそれほど多くありませんが、時間はおそらくその中の一つではないでしょうか。しかし、誰もが毎日同じ量の時間を持ってはいるものの、時間に対する感覚や理解の違いにより、時間の使い方が異なります。時間のとらえ方は、問題に対する理解や物事の理解の度合いに影響を及ぼしています。ですから、時間のとらえ方も問題解決能力に影響を及ぼしています。時間は実際に見ることも触ることもできず、瞬く間に過ぎ去ってしまいますが、時間に対する意識のわずかな違いが積み重なり、それがその人の問題意識や考え方、物事解決のやり方に影響を及ぼしていくのです。ですから時間をどのように理解するかは、極めて重要です。孔子は「時間の聖人」と言われたほどで、時間のとらえ方の達人でした。

本章では、図4―1に示すように、孔子の時間のとらえ方を、過去、現在、未来、周期、タイミング、遅延、持続という7

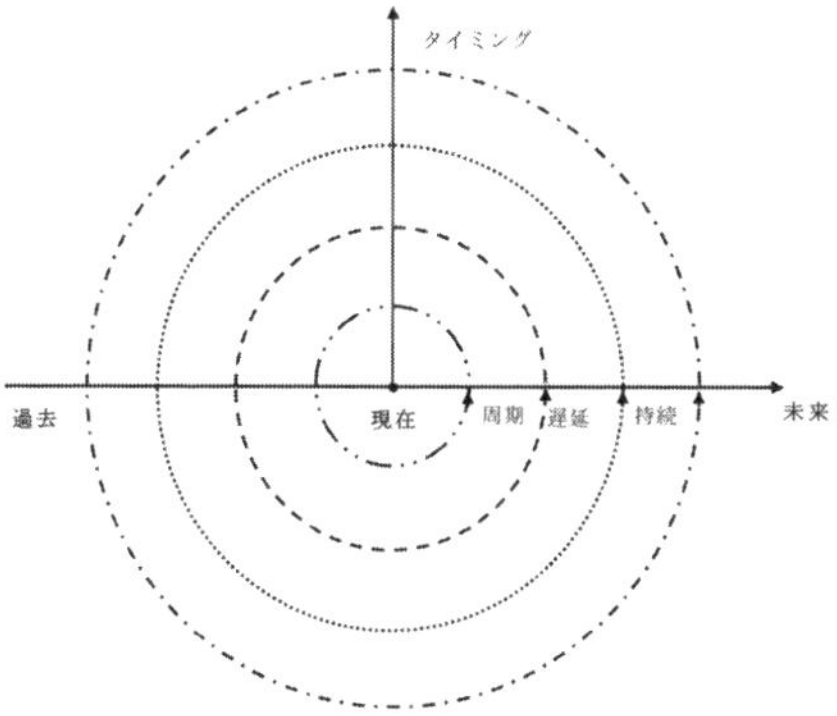

図4―1 孔子の時間概念

種類にまとめました。

過去　過去を利活用するか、過去にこだわるか

先生が川のほとりで言われた、「過ぎ行くものはこの〈流れの〉ようであろうか。昼も夜も休まない。」
（子罕第九―十七）

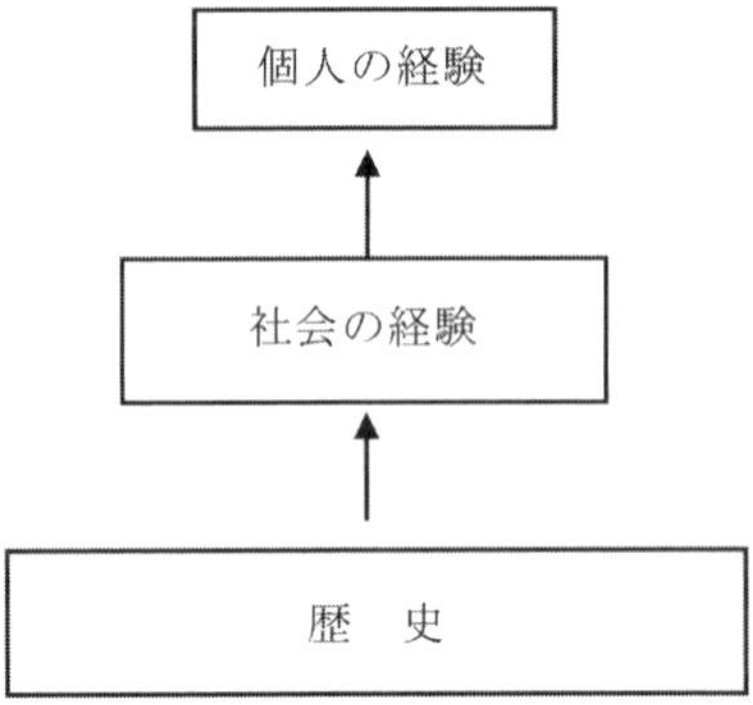

個人の経験

↑

社会の経験

↑

歴　史

図4―2 3つのタイプの過去

時間は、過去から未来へと流れていきます。どのように過去に向き合うかは非常に重要な問題です。現在は過去の延長であり、過去の結果です。過去に対する理解や見方が異なると、問題意識も変わり、解決方法も様々になります。

では、孔子はどのように過去と向き合ったのでしょうか。

先生がいわれた、「古いことに習熟してさらに新しいこともわきまえてゆくなら、人の師となれる。」（為政第二―十一）

「温故知新」は、本書のテーマでもあります。過去のことや経験、歴史は人類社会が蓄積したもので、財産であり、利用する価値が十分にあります。

孔子は、図4―2に示すように、過去を個人的な過去（個人の経験）、社会生活での経験、歴史の3つに分けています。

温故知新は身の回りから始まる

曾子がいった、「私は毎日何度も我が身について反省する。人の為に考えてあげて真心からできなかったのではないか。友達と交際して誠実でなかったのではないか。よくおさらいもしないことを〈受け売りで〉人に教えたのではないかと。」（学而第一―四）

日常生活では、様々な過去からヒントを得て、教訓を得ることができます。かつて私の先輩が毎年一つでも教訓を得ることが出来るならば、何十年か生きれば、何十個もの教訓を得ることが出来ると言っていました。そうした教訓か経験があれば普段の生活や仕事の面でも、ほとんど問題はなく対処していけるでしょう。もし我々が日々自分のことを反省して経験を積み、教訓を汲み取れば、日々収穫があって成長もでき、似たような問題に対しても自在に対応ができるでしょう。

しかし個人の経験には限界があります。たとえば我々は、自分が経験したことのある物事であれば比較的うまく対処できますが、経験したことのない物事の場合、それに関連する情報からの推測しかできません。それゆえ、我々は視野を広げる必要があります。つまり、外に目を向けて他人を観察し、社会で起こっていること、他人のやり方などに関心をもつことが必要です。

子張が禄を取るためのことを学ぼうとした。
先生はいわれた、「たくさん聞いて疑わしいところはやめ、それ以外の〈自信の持てる〉ことを慎重に口にしていけば、あやまちは少なくなる。たくさん見てあやふやなところはやめ、それ以外の〈確実な〉ことを慎重に実行していけば、後悔は少なくなる。ことばにあやまちが少なく、行動に後悔がなければ、禄はそこに自然に得られるものだ。〈禄を得るために特別な勉強などというものはない〉」（為政第二―十八）

社会で起こったことは、その裏に様々な視点や価値観が隠されていますから、よく聴いたり見たり思考することで、個人の視点や能力を超えることができます。他人の生活経験や、社会で起こっていることすべてを参考・手本にして学ぶことができます。また、物事の因果関係や発展過程、やり方などもすべて学習対象となります。良いことも悪いことも参考となり得ます。物事が発生した原因を追求する、改善する方法を追求することも勉強になります。

歴史に学ぶ

ニュートンは、「もし私が他人より遠くが見えるとすれば、それは私が巨人の肩に立っているからです」といったことがあります。巨人とは、ニュートン以前の科学者という意味で、広義にいえば人類の文明とも言えます。文明を積み重ねることで新しい発展が可能になります。もちろん、すべての人間が文明を利用して歴史を創造する、ということができるわけではありません。大事なのは、問題意識を持って、過去を活用し、今日のために、新しい一歩を踏み出していくということです。ですから歴史は誰にとっても貴重な参考書といえます。

子張が「十代さきの王朝のことが分かりましょうか」とおたずねした。

先生はいわれた、「殷(いん)では〈その前の王朝〉夏の諸制度を受け継いでいて、廃止したり加えたりしたあとがよく分かる。周でも殷の諸制度を受け継いでいて、廃止したり加えたりしたあとがよく分かる。〈だから〉もし周のあとを継ぐものがあれば、たとえ百代さきでも分かるわけだ。」（為政第二―二十三）

歴史は、未来に知恵を提供し、発展の方向を決めることに役立ちます。歴史という長い川の中で、われわれは、社会発展の規律、国家の盛衰(せいすい)などを見ることができます。歴史は、何が大事なのか、何が過ちなのか、様々なことを教えてくれます。歴史とは鏡であり、現在の社会に存在している問題を映し出し、隘路に光を当て、歩くべき道筋を示してくれます。

過去のデメリット

現在のために過去を積極的に活用することとは逆に、過去に向き合ったときに後悔の状態に陥ることもあります。「あの時ああすればよかった」などと過去の状況を思い返すだけで、過去にとらわれてしまうことがよくあるでしょう。しかし過去を変えることはできませんから、いつまでも過去にこだわることは自分を悩ませるだけです。そういう場合、過去に対しては、「過去は咎めない」の態度をとるべきです。

先生はそれを聞くといわれた、「できたことは言うまい、したことは諫めまい、過去は咎めまい。〈これからはこんな失言をくりかえさぬように〉」（八佾第三―二十一）

過去は、相殺できる過去と、変えられない過去とに分けることが出来ます。生活においては自分の出身、家庭（たとえば、どうして自分は裕福な家庭に生まれなかったのか）などに不満を持っている人がいるかもしれません。自分の出身は自分で変えることができませんから、文句を言ってもしょうがありません。変えられるのは我々の現在と未来です。過去を怨むことに時間を費やすよりも、現在や未来を変えるために利用した方が有益です。

過去を振り返ることは、未来をより良くするためですが、過去に固執することは、どうやっても変えられないことに対して力を費やすことであり、それは知恵とは言えないのです（「知」の章を参照）。

周期　量から質への変化時期

時間は過去からゆっくり流れ、過去の因が今日の果となり、現在の果は過去の因に基づいています。現在は過去の延長であり、過去の結果と言えます。過去から現在に至る変化はゆっくりで、現在から未来への変化もゆっくりです。物事の成長・発展もゆっくりで変化には時間が必要です。社会はゆっくり変化するので、環境もゆっくり変化します。たとえば、種から苗になり、稲の実になるまでには、成長周期という時間が必要です。もしその周期を待てずに、急いで成長させたいと焦ると、「抜苗助長」（苗の成長が遅いのを嫌った人が苗を引っぱって持ち上げたところ、苗は枯れてしまった）という悲劇を引き起こすかもしれません。

先生は言われた、「早く成果を挙げたいと思うな。小利に気を取られるな。速く成果を挙げたいと思うと成功しないし、小利に気をとられると大事はとげられない。」（子路第十三―十七）

物事の成長過程（量の変化から質の変化）には時間がかかりますので、積み重ねていくことが大事です。その原則に反すると、必ず失敗します。現在の中国においては、早く大金持ちになりたい、成功したいという風潮（ふうちょう）が強まっています。だれもが焦っていて、落ち着きがありません。そのような風潮の原因の一つとして、時間に対する理解を誤ってしまったということが考えられます。つまり、物事に必要な時間（発展周期や過程）が見えない、あるいは見ていないということです。

他人が成功すると、自分も成功したくなります。しかし、成功や大金持ちになるためには条件が必要だということを人は見落としがちです。成功のためには、知識、能力、資本、情報、タイミングが必要ですし、それ以外にも、努力が必要でしょう。また、持っている資源は異なりますので、同じ成功の道を歩もうと思ってもそうはいかず、現実的ではありません。

われわれは、目まぐるしいスピードで発展している社会で生活しています。このより新しい、よりスピードのある時代において、我々はより強く、より大きくて、より早いことに憧（あこが）れます。

しかし見方を変えれば「ゆっくり」（効率が悪いという意味ではない）の方が、力強く、むしろ効果的かもしれません。千年の木は、千年使えるという話を聞いたことがあるかもしれません。つまり、成長時間が長いほどゆっくり成長するので、使用寿命が長くなるのです。成長の早い木は、そのほとんどが紙の材料として使われ、家や寺の柱や梁になることはありません。百年、千年の木は、その間自然の侵害に耐えており、非常に強くて壊れにくいのです。いい家具はたいてい百年以上の木で造られたものです。特に、歴史のある古寺や宮殿などは、その柱や梁がほぼ千年以上の木で作られていますから、千年以上存在しているわけです。中国の故宮には、数百年の歴史があります。宮殿の大柱は、おそらく数百年の歴史があるでしょう。大柱は、現在でもそびえたっていて、宮殿をしっかり支えています。

周期に関してまとめて言えば、我々は物事の早い成長に目を向けるとともに、ゆっくりとした成長面にも注意を向けるべきなのです。発展の過程で、問題を見つけ、量から質への変化を見つけ、理解したならば、次にタイミングを把握します。

タイミング　問題が存在している期間

先生が公叔文子のことを公明賈におたずねになって、「本当ですか。あの方はものも言わず、笑もせず、〈物を贈られても〉受け取らないというのは」と言われた。

公明賈は答えて言った、「お知らせした者の間違いです。あの方は言うべきときがきてはじめて言いますから、その言ったことを誰も嫌がらないのです。楽しくなってはじめて笑いますから、その笑ったことを誰も嫌がらないのです。正義にかなってはじめて受け取りますから、その受け取ったことを誰もが嫌がらないのです。」

先生は言われた、「そうでしょう。噂のようなことはありますまい。」（憲問第十四―十四）

タイミングを把握するためには、まずタイミングとは何かを知らなければなりません。

問題解決の視点から見れば、タイミングとは問題が存在している時間・期間であると言えましょう。

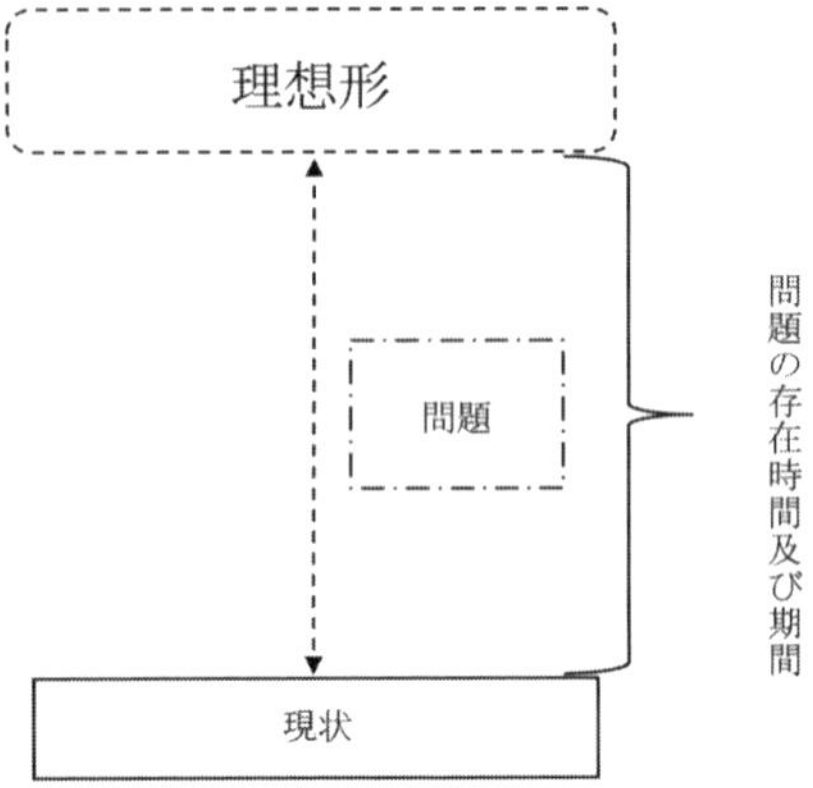

理想形
問題
現状
タイミング：問題の存在時間及び期間

図4―3　タイミングの概念図

図4―3に示すように、具体的には、現状と理想形の間のギャップに存在している時間・期間です。しかし、人によっては、それはタイミングになるかもしれませんし、ならないかもしれません。タイミングを把握すると、問題の真の原因を発見できます。別の見方をすれば、タイミングとは問題解決を可能にするものであり、問題を理解し、コントロールし、改変するために必要なものと言えるでしょう。タイミングをきちんと把握すれば、問題やギャップを手早く解決できるのです。

タイミングはどこに存在しているか

ですから、問題があるところには、必ずタイミングがあります。では、タイミングは具体的にどこに存在しているのでしょうか。

問題を一つのシステムとしてとらえると、われわれは、システム構成にもとづいて問題を分類します。システムは、目的、ハードウエア、ソフトウエア、ヒューマンウエアという4つの部分から構成されており、図4―4に示すように、問題は、その4つの部分のいずれかに存在しています。また、この4つの部分の各構成間には現状と理想形のギャップが存在しています。ギャップが存在している構成部分中には、タイミングが含まれており、そのギャップを短縮できる（問題解決できる）可能性が存在しています。

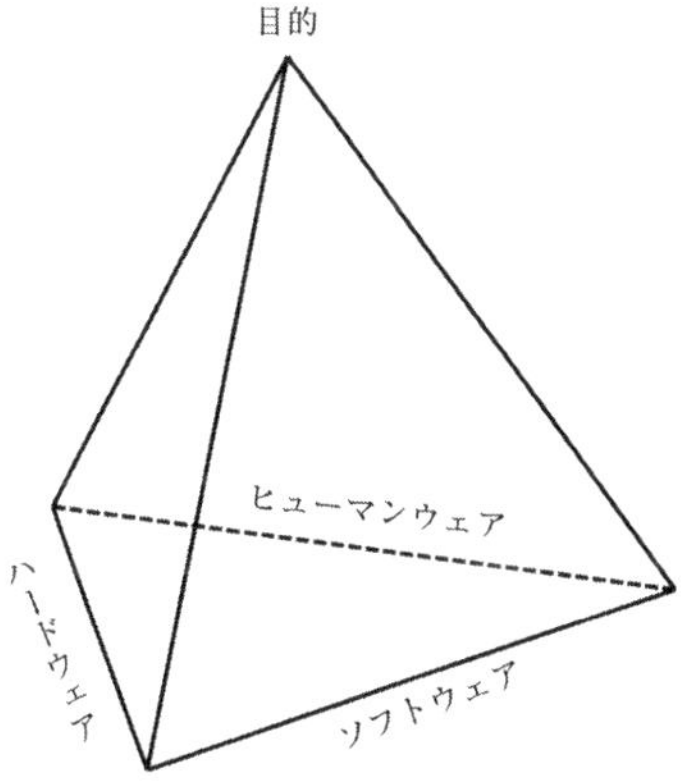

図4―4　タイミングが存在している領域

以下、4つの構成要素について詳しく説明します。

まずハードウエアについて例を挙げながら説明します。改革開放の初期、中国では、モノがあまりないので、モノを輸入するとすぐ売れました。改革開放の過程においては、沿岸部の地域は、他の地域に先駆けてそうした機会がありました。後にそれは、内陸部の開放された町まで徐々に拡大していきました。さらに、日常生活品から工業機械など様々な領域へと拡大していきました。また、開放された町と開放されていない町ではモノの価格も違いました。90年代の初期、広東省では2元で買える電子時計が、内陸部では20元以上しました。10倍以上の価格です。

しかし、そうした時代が再び訪れることはないでしょう。現在中国は世界の工場となって、国内にもモノが豊富にあり、たくさんのモノを輸出しています。商品を右から左に流して利益を上げる機会も徐々に少なくなるでしょう。ハードウエアにおけるタイミングにおいては、性能がよく、品質がいいものを開発することが必要です。

次に、ソフトウエア領域におけるタイミングは、現在の情報社会においては、技術発展の速度が加速しており、ソフトウエア面でのタイミングは多いかもしれません。たとえば、マイクロソフト、グーグル、アップル、テンセント、フェイスブックなどのＩＴ企業は、新しいソフトウエアを開発して成功しました。とくに、マイクロソフトは、Ｗｉｎｄｏｗｓで知られるように、基本システム（ＯＳ）市場を独占していました。その先行期間は、マイクロソフトにとって、またとない発展の機会でした。その後のソフトウエアの発展は、他の新興ＩＴ企業にも多くの機会をもたらしてきました。

成熟市場においてもソフトや技術の革新により、大きな変化が現れています。たとえば、アップル社が開発したｉＰｈｏｎｅは、それまでの携帯電話業界の地図をまたたく間に塗りかえ、市場を一変させました。アップル社は携帯電話の新しい概念を創造したからこそ、タイミングをつかみとることができたのです。

昨今ソフトウエアの領域においては、情報とデータを獲得するタイミングが重視されています。株主は、市場・株に関する情報の重要性を熟知しています。先に情報を得た者がより多くの利益を得る可能性が高いのです。また、企業経営においては、情報の判断や情報の獲得は、企業の発展の方向を決め、最終的には企業の生存を左右します。

一方、ヒューマンウエアの領域から見た場合、タイミングは、能力、人脈などを含みます。中国での改革開放初期には、外国語を身につけている人が少なかったため、外国語が話せるだけで対外貿易関連の仕事に就くことができました。国営企業で、決まった取引先を持っていた人の中には体制改革に伴い、企業をやめて自ら貿易会社を立ち上げ、もともとの取引先も自分の会社に引き連れてビジネスを行った人もいます。中には大手貿易会社の社長になる人もいました。しかし現在は、外国語ができるだけでいい仕事に就けたり、金儲けができるという時代ではなくなってしまいました。

ヒューマンウエアにおけるタイミングは「運」だと考える人もいるかもしれません。しかし孔子からすれば、やるべきことをやり、話すべきことを話して、ようやく偉い人に認められるものだ、と考えます。

先生が言われた、「話しあうべきなのに話しあわないと、相手の人を取り逃がす。話しあうべきでないのに話しあうと、言葉をむだにする。智の人は人を取り逃がすこともなければ、また言葉を無駄にすることもない。」（衛霊公第十五―八）

いいタイミングをつかむことは、世渡りにおいて非常に重要な条件です。それには、相手の気持ち、性格、ニーズなどを理解した上で、必要な時に必要な行動をすることが求められます。またそれは、偉い人から手をさしのべてもらうための前提条件ともなります。仕事のやり方・能力・態度・精神などが認められなければ、他人の信任をもらえない、助けてもらえない、推薦してもらえないということが起こるでしょう。

漢の時代の張良は先生の靴を拾ってあげたことで、ある秘訣を教えてもらえました。日本でも、豊臣秀吉が織田信長の履物(はきもの)を胸に抱いて温かく履(は)けるよう準備をしていたことで、注目されました。もし千里馬(伝説の馬)が十分な働きをしなかったり、態度が悪ければ、伯楽が馬群の中から選ぶこともなかったでしょう。われわれは日常生活や仕事で他人と付き合う時、話のタイミングを把握し、適切な行動をとることで問題解決能力や仕事の能力などを積極的に発揮することが大切です。他人と異なる特徴がなければ、どうして世間から注目されるでしょうか。仕事を任せてもらえるのか? 成功できるのか?

「運がいい」の裏には、自分の問題意識が作用しているのです。

目的におけるタイミングは、目的に対する理解のギャップの中に存在すると思われます。企業の目的が利益だと思っている社長もいれば、社会のニーズを満足させ、よりよいサービスを提供することと思っている社長もいます。第1章で触れたように、目的が異なると、行動も異なってきます。そうしたそれぞれの目的の間にあるギャップがタイミングなのです。それは企業だけではなく、国レベルでも同じだといえるのではないでしょうか。たとえば、第二次世界大戦後、ドイツ・日本などは、経済発展を目的とした方向に進んで行きました。シンガポール、韓国、台湾なども経済発展に重点を置きました。それに対して中国は政治を優先して、文化大革命を行っていました。結果は、周知の通りです。しかし、１９８０年代に入り、中国は改革開放、すなわち経済発展を目的として進んでいった結果、経済規模では世界第二のレベルにまでなりました。つまり、国レベルであっても、目的が異なると方向や結果がまったく異なってくるのです。

日本や中国の急激な経済発展は、経済発展を優先させるという世界的なトレンドの中で展開されて、成功しました。つまり、世の中や世界の流れの中で、世界レベルでのタイミングをつかんだといえます。仮に戦争を中心とした世界環境であれば、経済の発展は見込めないでしょう。

システムの視点から分けた上述の４つの構成部分は、多くの場合独立しておらず、つながっています。たとえば、ＩＴ業界においては、ソフトウエアはハードウエア、あるいはヒューマンウエアとつながっており、３つの領域に現状と理想のギャップが存在している場合がほとんどです。ｉＰｈｏｎｅの開発を例にすれば、それは新しいソフト・発想・人材・ハードウエアの組み合わせで創造されました。

なお、環境の変化によってタイミングが消えてしまうことがあります。ただし、以前とは違ったタイミングで再び現れることもあります。いつまでも同じ問題意識のままだと、環境が変化した際に新たに現れるタイミングに気づきにくいということです。ですから、より高い、より新しい問題意識をもって、タイミングをつかみ取ることが必要と言えます。

タイミングを把握することができる人は、すでに存在している問題や、物事における現状とあるべき姿とのギャップが認識できるだけでなく、そのギャップを埋めることもできます。逆説的ですが、強い問題意識や問題解決能力を持つことが、タイミングを発見するために非常に有効であり、不可欠なものだといえます。

タイミングと「運」の違い

タイミングを把握できた人に対し、それは運がよかったからだと、我々はよく言いますが、実際にはタイミングと運は異なるものです。たとえば宝くじが当たるという意味での「運がいい」とは、参加と確率であり、必然性と偶然性の融合です。宝くじを当てることは、自分でコントロールできないため、タイミングとは言えません。タイミングは、問題を発見し、解決する、つまり自分でコントロールできるのです。

なお、麻雀は宝くじと少し違い、確率以外にも、反応能力、計算能力、心理状態、性格などもかかわっています。ある同僚の話をしましょう。その同僚は勤めていた会社の近くにある寮に住んでいました。寮は市街地から離れており、遊ぶ場所もネットもテレビもなかったので、彼は仕事が終わると、みんなで麻雀をやっていました。彼は気弱だったので、いい展開になると、手が震えてしまうような人でした。なので、彼の手が震えだすと、みんな急に警戒しはじめるわけです。後になって彼は自分自身そのことに気づき、いい牌が来ると、手を机の下に入れるようにしました。しかし、その動きも他の人にはわかるわけです。彼が手を机の下に隠したら、いい牌が来ているということがわかってしまいます。結局、彼はほとんどいつも負けていました。彼の敗因には確率も多少は影響していますが、それよりも大きな原因は能力です。相手の能力が相対的に自分より低ければ負け続けますし、逆に自分より高ければ勝ち続けます。

現在　時間を重視する

タイミングを把握するには、問題を発見する能力以外に、行動能力も必要です。孔子はこのように言っています。

先生がいわれた、「君子は、口を重くして、実践につとめるようにありたいと、望む。」（里仁第四―二十四）

「敏」は、現在を大事にすること、すなわち現在の状況を把握して、時間を無駄にしないという意味です。時間を守り、時間を無駄にしないと言うこともできます。しかし、現実の生活においては、時間を無駄にする現象がよく見られます。たとえば、中国の披露宴は、一番偉い人が来ないと始まらないのですが、一番偉い人はしばしば遅れて来ます。もちろん一番偉い人が最後に登場することは、過度に非難すべきものでもありませんし、むしろそういう人の話をみんな聞きたがります。

日本でも「重役出勤」という言葉があるように、偉い人が遅刻することを、あたかもその人が持っている特権や象徴のように考えてしまいますが、そのような考え方は間違っています。この場合は偉い人が遅れることで、みんなの時間を無駄にしています。いくら偉い人であっても、遅刻することで自分の地位の高さを誇示（こじ）するようなことはするべきではありません。

偉い人の遅刻を偉い人への尊敬とする考えの裏にあるのは、時間に対する無視や、時間を無駄にする典型的な行動です。時間を守らないことが習慣になって、仕事や周りの同僚・友達に悪い影響を及ぼしているかもしれません。特に、偉い人の遅刻が周りの人たちの標準になってしまう、会社や地域の文化に影響を及ぼしかねません。非効率で時間を守らない国が世界から大国と認められることはありません。ゆえに孔子は、「敏」を非常に大事にしているのです。（なお、他の解釈は第2章の「仁」を参照）

遅延　焦燥がここから生まれる

先生が言われた、「〈聖人ではなく〉善人でも百年も国を治めていれば、暴れ者をおさえて死刑も無くすることが出来るというが、本当だよ。この言葉は」（子路第十三―十一）

時間を無駄にしてしまう原因は、未来のことを考えて問題を考えないからです。今日酒があれば今日飲み、目の前のことにだけ注目し、明日や未来のことは見ない人が多いでしょう。未来が見えない、あるいは見ようとしない大きな理由は、時間の流れや物事・環境の変化というものはなかなかに見えないし、見過ごしやすいからです。さらに、行動した結果は、すぐに出てくるわけではなく、時間がかかります。一般的に、ある行動や動作が起きてから、その効果が現れるまでの時間差を遅延（ちえん）とよびます。

遅延は、時間の周期とは異なるものです。周期は、ある物事の発展過程で、量から質への変化の過程です。トマトの苗の成長し、花が咲いて、成熟するまでの過程は、トマトの成長周期と言えます。これはトマトの質的な変化です。

これに対し、遅延は、ある行動の実行から、効果が出るまでの時間過程です。たとえば、トマトの苗を植えた後で、肥料を与えた効果は、トマトの成長という形で表れます。しかし、トマトの成長は、

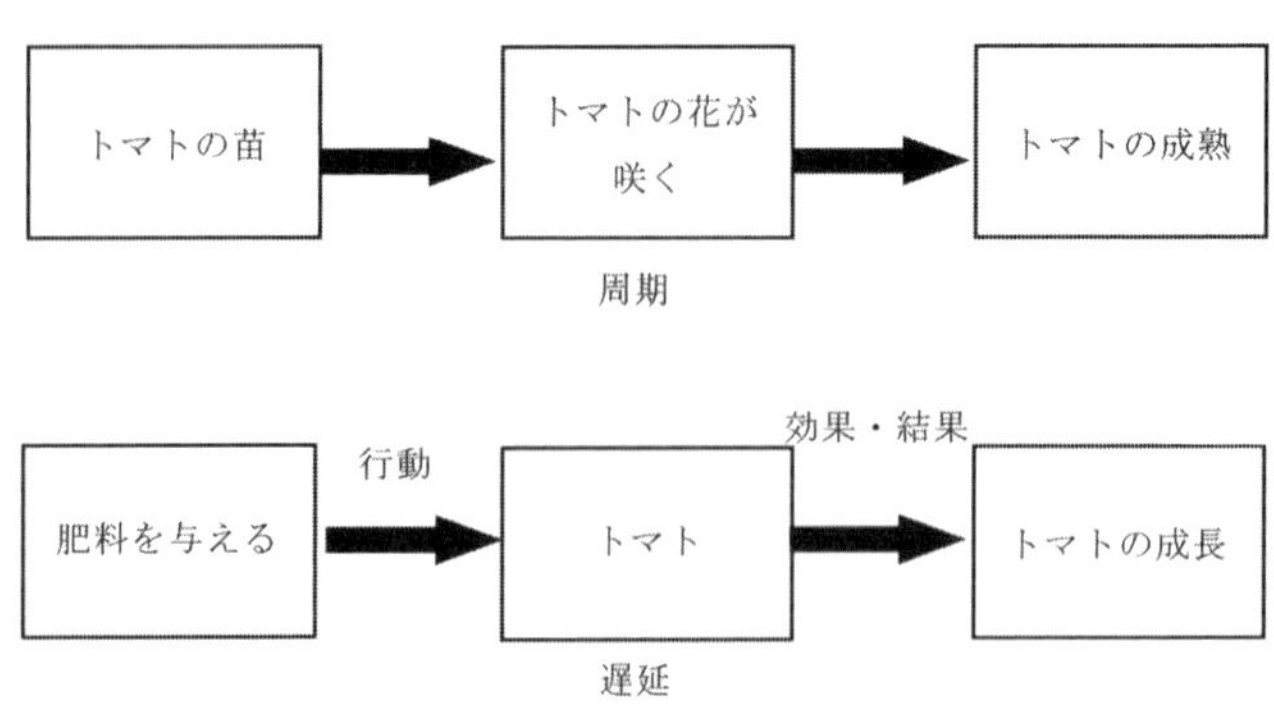

図4―5　周期と遅延の区別

すぐには見えません。図4―5に示すように、遅延は、肥料を与える行動からトマトの成長までの時間過程であり、肥料を与える行動とトマトの成長という2つの物事の質が含まれています。

トマトの栽培を一つのシステムと見なすと、このシステムには、栽培者、トマト、温室、肥料、水、加熱機、栽培技術などが含まれています。肥料を与える行動は、水、温度、栽培技術などの要素と一緒に作用し、トマトの成長に影響を与えます。つまり、肥料を与える行動から、トマトの成長までの時間過程は、遅延と言えます。

あるいは、遅延は、システムの各部分、各要素間の相互作用の過程でもあります。すなわち、遅延は、システムの中のある構成部分が変化し、その変化が他の構成要素と作用して、システムが結果を得るまでの時間過程です。

遅延を見つけることができない原因は、システムの構成部分間の相互関係、あるいは結果が出るまでにかかる時間という視点から現在の行為を見ていないからです。問題は同時に、そして一気に出てくるものではなく、ゆっくり出てきます。これには時間がかかり、また見えにくいものです。たとえば現在注目されているＰＭ２・５の問題では、車の排気ガス、あるいは工場の排煙など、一つ一つの排出源では排出量を基準以内に抑えているかもしれません。しかしそれが積み重なり、さらに一定の時間がたつと、大気汚染が問題として現れてきます。このように、一つの汚染源からＰＭ２・５の問題の噴出(ふんしゅつ)までには、遅延の過程があるのです。

未来　目標を追求した結果

遅延は見えにくいので、遅延の結果である未来を推測することは買い物と違い、難しいです。買い物は、お店に行くとモノが目の前に置いてあるので、見ればすぐに分かります。しかし、未来は触ることもできませんし、見えにくく、推測しにくいです。日常生活においては、未来が見えない物事は、いくらでもあります。

たとえば、中国のある大手企業では、90年代に福利厚生の一つとして、社員にマンションを提供しました。その会社は郊外にありますが、市内で会社の提供するマンションは１２０平米で５万元でした。当時、その企業は郊外にもマンションを所有しており、管理費、水道代、電気代、ガス代、暖房代などいっさい払う必要はありませんでしたが、市内のマンションは払う必要がありました。ですから、社員の多くは、市内のマンションを選択しませんでした。ところが10年後、市内のマンションは数十倍に値上がりし、1平米で3万元まで高騰しました。2平米の値段で、高級マンションが買えるほどでした。

町の開発も同じです。中国では、スーパー、住宅などには、駐車場があまり付いていません。あったとしても、小さいものです。人々は、路肩や住宅地に駐車しています。歩行者にとっては非常に迷惑です。中国では20年ほど前から住宅や不動産の開発が始まりましたが、当時は20年後にこれほど自家用車が普及するとは予測できていませんでした。

現在だけの視点に立って、問題を考えたり、現在の状態に満足していると、時代の変化や社会環境の変化に対応できなくなってしまいます。以前は問題ないと思っていた環境が、数年後の時点ではそぐわないものになっていることもあります。このような理由から孔子は、未来を非常に重要視しています。

先生が言われた、「人として遠くまでの配慮が無いようでは、きっと身近い心配事が起こる。」（衛霊公第十五―十二）

未来を予測することは、永遠の課題ではないでしょうか。未来を予測できれば、世界を掌握できます。システムの視点から見れば、未来は、現在の社会システムの目的に基づいた、社会発展の一つの結果です。あるいは社会システムの各構成部分がシステムの目的を達成するために相互作用した結果です。社会がどんな方向に発展していくかによって、未来が決まります。

未来を予測するには、原点に戻り、われわれはどうして生きているのか、どんな生活がしたいのか、どんな社会を追求したいのか、などを考えなければなりません。未来を把握するために、我々は、目的をきちんと確認してから、それに向かって進んでいかねばなりません。目標が実現できれば、未来の予測も現実のものとなるのです（「志」章を参照）。

持続　成功は持続次第

先生が言われた、「聖人には私は会うことはできないが、君子の人に会えればそれで結構だ。善人には私は会うことはできないが、常（つね）のある人に会えればそれで結構だ。無いのに有るように見せ、空っぽなのに満ちているように見せ、困っているのにゆったりと見せて〈見栄をはって〉いるようでは、難しいね、常のあることは。」（述而第七―二十五）

ここで、孔子は継続力や持続力を強調します。なぜなら、道を実行する重要なポイントは、継続するだからです。短い時間であることを実行するのは、簡単かもしれません。しかし、それを継続していくことは難しいものです。これは継続することが習慣になっていないため、続けることが難しく、諦めやすいからです。

友達の経験談で、勉強になった話があります。彼には大学時代、面白いクラスメートがいました。そのクラスメートは寮に住んでいました。寮は、決まった時間になると消灯しますが、廊下にはライトが点いていました。クラスメートは、消灯後、必ず毎日廊下で10分間、英語を勉強していました。他の人がなぜそんなことをするのかと尋ねたところ、彼は、1日10分間、単語を勉強すれば、1年間で3650分、4年で14000分勉強したことになると言ったそうです。4年勉強すれば、勉強しない人より、単語を多く覚えられます。結果、そのクラスメートは、クラス初の公費留学合格者となりました。

また、ある後輩は、1週間に1冊、図書館で本を借りて読めば、1年間に50冊以上の本を読めて、大学4年間では、200冊以上の本が読めると言っていました。200冊の本を読めば、視野も広くなって、能力も変わっていきます。他の同級生に比べれば、200冊分知識が増えたことになります。その200冊の本は彼の重要な資源となり、彼は大手企業に就職できました。我々は、学歴で人を決めつけることがよくありますが、たとえ有名大学出身であっても、卒業以降まったく勉強していない人は、卒業した時のレベルで止まっていることになります。それに対して、普通の大学出身であっても学習を継続している人は、初めはそれほど能力がないかもしれませんが、5年、10年経つと名門大学出身の人

①0.7×0.7×0.7×0.7
②1×1×1×1
③1.2×1.2×1.2×1.2

図４―６　３つの１タイプの数式

を超えているかもしれません。さらに、20年以上勉強を継続すれば、きっと大きな変化があるでしょう。質の変化さえも期待できます。

ここでちょっと図４―６の数式を見てください。

以上の数式から何が見えたでしょうか。人によって異なるかもしれません。これは、多種多様な理解ができるでしょう。

数式は、大学生活の４年間と解釈できます。もし、各式の前に１を足せば、その１は、大学に入る前のスタートラインであり、すなわち、全員が同じスタートラインに立っていたといえます。３つの数式は、大学生活の３つのタイプを指します。

タイプ１は、自由型です。大学に入ると、親から離れて、開放され、自由になって、毎日遊んでいる学生です。０・７ということは、毎年後退しているかのようです。４年降、彼のレベル大学に入学した当時の４分の１のところまで低下しています。

タイプ２は、普通型です。授業も受けますし、単位もきちんと取っています。しかし、単位のために学習しているようです。１ということは、現状維持で暮らしているようです。４年降も、ほぼ入学時と同じようなレベルです。

タイプ３は、積極努力型です。自分の人生プランを持っているので、大学に入ると、目標に向けて努力します。授業は言うまでもなく、資格や、部活など、様々な面で自分の総合的な能力を向上させます。このタイプの学生は、毎年20％増えているので、4年後は、大学入学時の2倍のレベルにまでなります。

大学に入ったときには、全員のレベルはほぼ同じですが、時間の理解により、また努力の差により、4年の学生生活だけで、4年前に同じスタートラインに立っていた学生の間に、最大8倍の差ができました。継続・持続の力とは、ある意味恐ろしくも思えます。ですから、孔子は自己評価する時にも継続的に学ぶことができることを誇っていました。

先生が言われた、「だまっていて覚えておき、学んで飽（あ）きることなく、人を教えて怠（おこた）らない。〈それぐらいは〉私にとって何でもない。」（述而第七—二）

時間と離（はな）しにくいのは空間の概念です。すなわち、どういった立場から問題・世界を捉えるかが非常に重要です。次章では、立場に着目し、孔子的問題意識を解釈します。

第５章  立場における問題意識

システムの目的

システム

個人

図５—１　システムの全体目的及び個人立場

問題を解決するときに、「木を見て森を見ず、森を見て木を見ず」という言葉があるように、部分を見て全体を見ない、もしくは全体を見て部分を見ないという過ちを犯すことがよくあります。あるシステムの中にいるときに、システムにおける自身の位置づけや目的だけでなく、まわりとの関係、他人の立場や目的、システムそのものの目的なども考えなければなりません。システム全体に見ずに限られた一側面しか見ないと、宋の蘇軾（そしょく）がいった「不識廬山真面目，只縁身在此山中」（廬山の本体の姿を知りえないのは、ただ自身が山の中にいることによるのだ）ということになります（図５—１を参照）。

問題は見る人の立場によって見え方が変わり、問題意識のあり方も異なります。立場とは物事を見る位置や角度のことです。

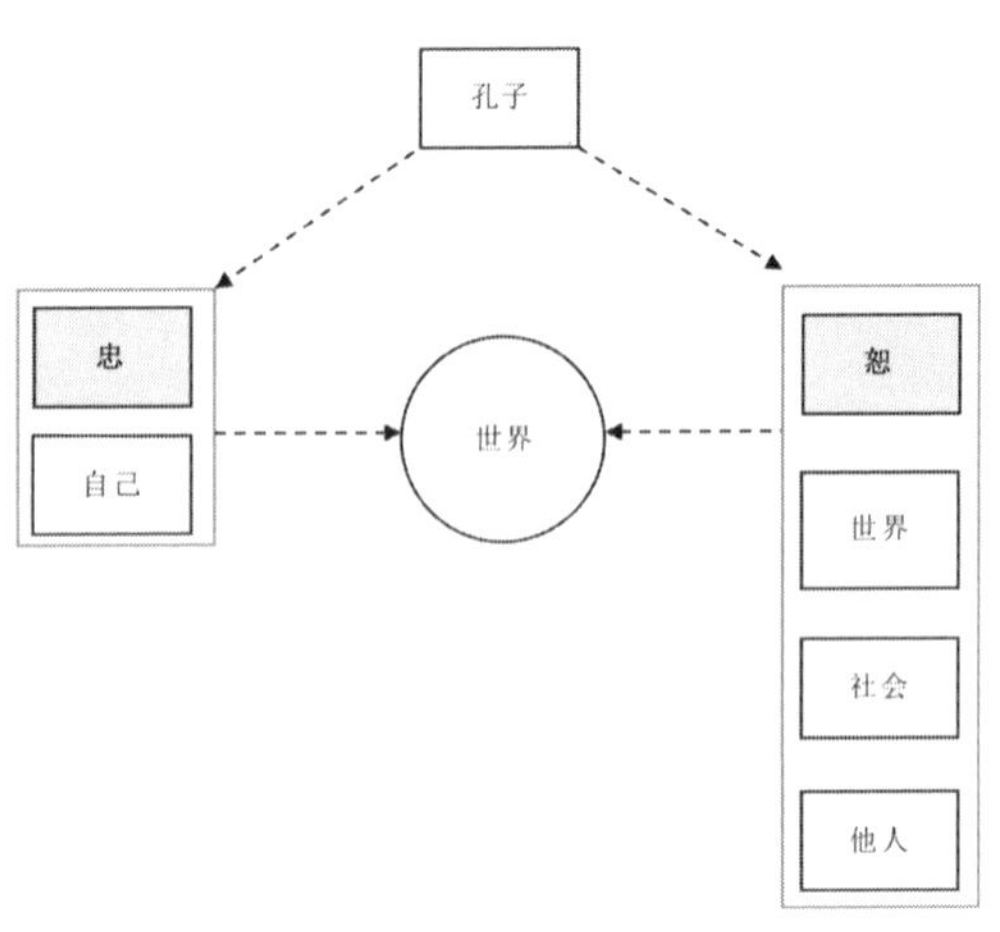

図5—2　世界を見る孔子の4種類の立場

どのような位置や角度から物事を見るかは、物事の本質をつかみ、問題の本当の原因を見つけ、問題をよりよく解決できる鍵となるので、立場は孔子式問題意識の中での重要な地位を占めています。

では、孔子の話を通して、孔子式問題意識における立場について考えてみましょう。

先生がいわれた、「参よ、わが道は一つのことで貫かれている。」
曾子は「はい」といわれた。
先生が出て行かれると、門人がたずねた、「どういう意味でしょうか」曾子はいわれた、「先生の道は忠恕のまごころだけです。」（里仁第四—十五）

曾子が言っている「忠」と「恕」は孔子の最も基本的な2つの視点と考えられます。「忠」は「自分」に対する見方で、いかに自分の立場から、自分の価値観で世界や問題を見るかということです。一方、「恕」は「他人」に対する見方で、いかに他人の立場・視点から世界や問題を見るかということです。

ただし「他人」は相当幅の広い概念です。隣の人、周りの人や、地域や社会の人など、もっと広く見れば、国全体や世の中の人もひっくるめて「他人」と言えます。便宜上、ここでは他人を、隣人を意味する狭義的な他人と、社会、世界の3種に分け（図5―2）、以下では、①自己（自分）、②（狭義的な）他人、③社会、④世界の4つの立場から、孔子がどのように事物や世界を見たかを紹介します。

名　自分に影響を及ぼす見えない壁

私たちは、家庭や社会の中でさまざまな役柄を演じています。家にいるときは父や母、また子、夫、妻などの身分を演じています。会社にいるときは、誰かの同僚であり、また主任や課長等の肩書きがつきます。知り合いから見れば、同級生であったり、友人であったりします。レストランや店に入ったときは、顧客になるので、誰もが必ずいくつかの役柄を演じ分けています。

孔子は個人が演じる役柄を「君」「臣」「父」「子」の4つにまとめています。

斉の景公が孔子に政治のことをおたずねになった。孔子がお答えして言われた、「君は君として、臣は臣として、父は父として、子は子としてあることです。」（顔淵第十二―十一）

孔子の「君」「臣」「父」「子」を現代風に解釈すると、会社では上司は上司として、部下は部下としてやるべきことをし、家では父は父として、子は子としてやるべきことをするということです。それぞれの役柄によって、機能が異なり、どんな役柄を演じるにしても、それにふさわしい機能を担い、責任を負い、義務を果たさなければなりません。

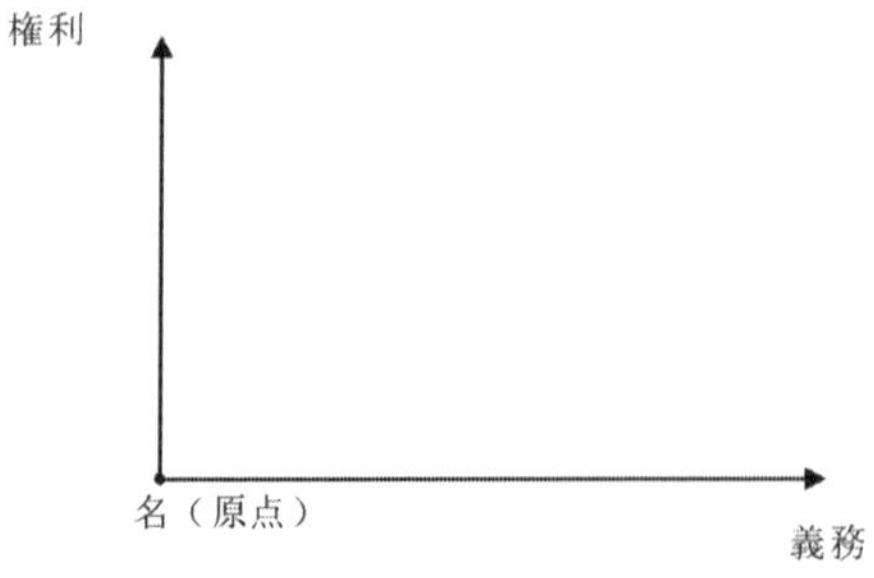

権利
名（原点）
義務

図　5―3 孔子の「名」の概念図

このように、自分の立場をわきまえ、できるだけの努力をして、自分なりの仕事を完成させることを孔子は「名」と言います。たとえば、会社に勤務する場合、まず自分の職場における位置づけ、仕事の目的や機能を明確に知り、何をすべきかを考える際に、常に自分の位置づけを考えるということです。このように「名」をやり遂げるためには、図5―3に示されるように、まず自分の立場・権利や義務をしっかり把握することが重要です。

脳科学からみた自分の壁

自分の立場は、不変なものではなく、具体的な状況によってそのつど変わります。とはいえ変化している状況の中で、私たちは知らず知らずのうちに自分の依拠すべき立場である「名」から離れて問題を考える癖があります。「名」から離れてしまう理由は、脳の意識形成に関係があります。

自己意識とは、外界をみているA脳と、そのA脳をみているB脳という二つの脳があるという話を思い出してください（第2章「礼」を参照）。A脳は直接外界を感じ、B脳は外界に接することなく、A脳を経由（けいゆ）して、外部の情報を受け取り、処理し、その上でA脳にこの情報に注意せよ、あるいはこの情報を無視しろなどと、さまざまな指令を与えます。したがって、A脳が興味のあるものや慣れているものにしか注意しないという傾向は、実はB脳の働きによる結果なのです。

B脳がもっているこの判断の基準は、まさに上述した「名」、すなわち自分の立場と言い換えてもいいものです。この基準は日常生活に基づいて形成され、常にまわりの物事や社会の言論に影響されて変化しています。ある考え方に接する機会が多ければ多いほど、B脳はそれに馴染みやすくなり、時にはその考えに完全に賛同するなど、外部の意見が自身の判断基準にすりかわってしまうこともあります。そのような変化は即座には起こらず、時間がかかる場合がほとんどです。社会という客観的な存在が人の意識に影響を与えるという点は「意識が人間の存在を決定するのではなく、人間の社会的存在が意識を決定する」というマルクスの哲学思想（唯物弁証法（ゆいぶつべんしょう））とは同工異曲（どうこういきょく）です。

物事そのものと物事の間の関係は複雑かつあいまいで、自力でその本質を見抜くことは困難です。また、私たちの脳は、自分の興味のある物事や、他人の意見や指摘などによって導かれることもしばしばあり、物事の表象に惑わされ、正確かつ全面的に問題を見ることができないことも多々あります。たとえば図5―4のようなトリックアートです。この絵からどんなイメージが見えるでしょうか。

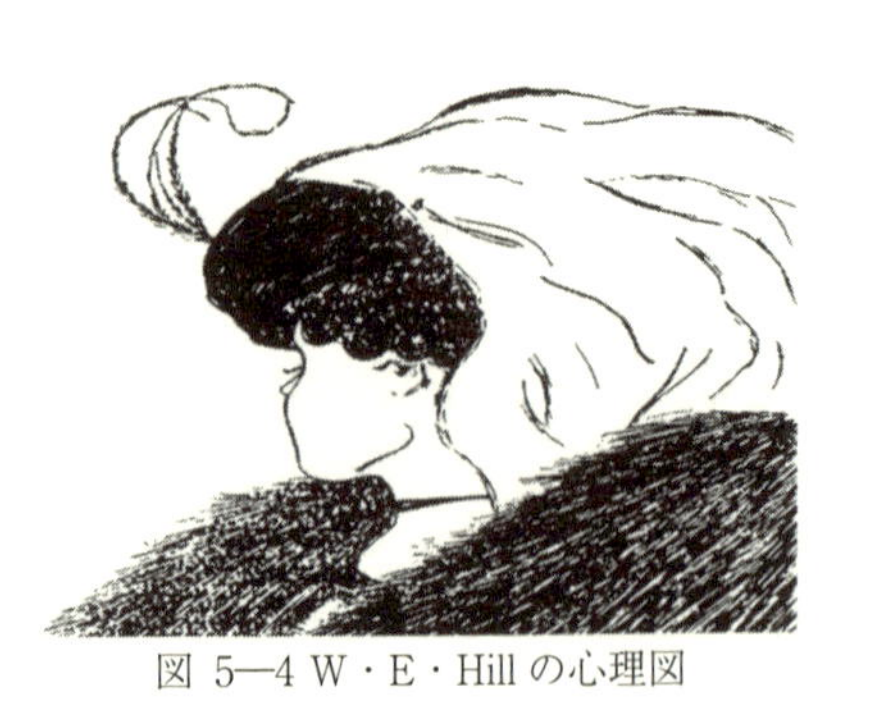
図 5―4 W・E・Hill の心理図

やさしそうな少女か、もしくは不気味な老婆でしょうか。

多くの人は、最初は少女か老婆のどちらかしか見えず、解釈を聞いてから違う見方もあることに気づくでしょう。図は1つしかないのに2つの見え方が可能ということは、同じ対象であっても、視点によって見える結果が異なるということを意味し、また解釈という外界の影響で、自身の理解が変化することも示唆しています。図6―4のように2つの見方がある場合、B脳はそのどちらか1つに注目し、A脳に注意せよとの指令を出し、その結果A脳は指令通りの一部の情報しか読み取れないことになります。一方、外界の影響を受けた場合は、外界の意見がA脳を経由してB脳に吸収・認定され、それが新しい基準になった後、A脳は新しい指令としてそれを受け取り、それに従って新しい情報を読み取るのです。同様に、社会や周りの言論といった外界の影響が、一旦私たちのＢ脳の基準になると、私たちの物事に対する認識も変わり、ときには自分の初心に反する振る舞いをしてしまう可能性もあります。

見えない壁の影響要素

物事や社会現象に関する見解は、本来さまざまであってもいいのですが、個人の考え方がまわりや社会の言論に影響され、一定の方向性に収束（しゅうそく）されることが多く見受けられます。一方で、まわりや社会の言論は、しばしば権威のある人やメディアなどの影響を受けます。

たとえば中国では「結婚する前に部屋を購入すること」という言い方があります。それはメンツを立てるため、もしくは生活の保障を求めるためでしょうが、仕事に就いてわずか数年の若者にとって、数百万元を超える大都市の不動産購入費用を負担するのはおそらく無理でしょう。それに、実際に家をもつことで家庭円満になるとは限りません。中国の都市部の離婚率はすでに30％を超えており、そのうちの80％は浮気と不仲（ふなか）が原因で、経済的な理由は10％しか占めていないと報道されています。

また、中国では仕事と私事を混同させる人が少なからずいます。仕事の合間に私事をするのは明らかに適切ではありませんが、多くの人がまわりに影響されそのようなことを普通のことだとおもっています。こうした原点から離れている歪（ゆが）んだ行為を正当だと思う人がどんどん増えれば、本来の正しいやり方をしている人が間抜けだと思われてしまいます。つまり、過ちであっても、皆に言えば真理になるということです。

問題解決を考える際に、自分のいるべき立場で問題を考えるだけでなく、図5―5に示すように、環境、文化、習慣、人情、外部からのプレッシャーや私欲などさまざまな要素が頭をよぎるかもしれません。それによって、自分の立場を見失い、本当のことと間違ったことを混乱してしまい、もともと簡単に解決できるはずの問題を複雑化させ、とうとう解決不可能なものにしてしまうこともあります。なぜなら、誤り(あやま)は誤りであって真理にはなりえず、誤った状態ではそもそも問題の本当の原因は見つけられないからです。

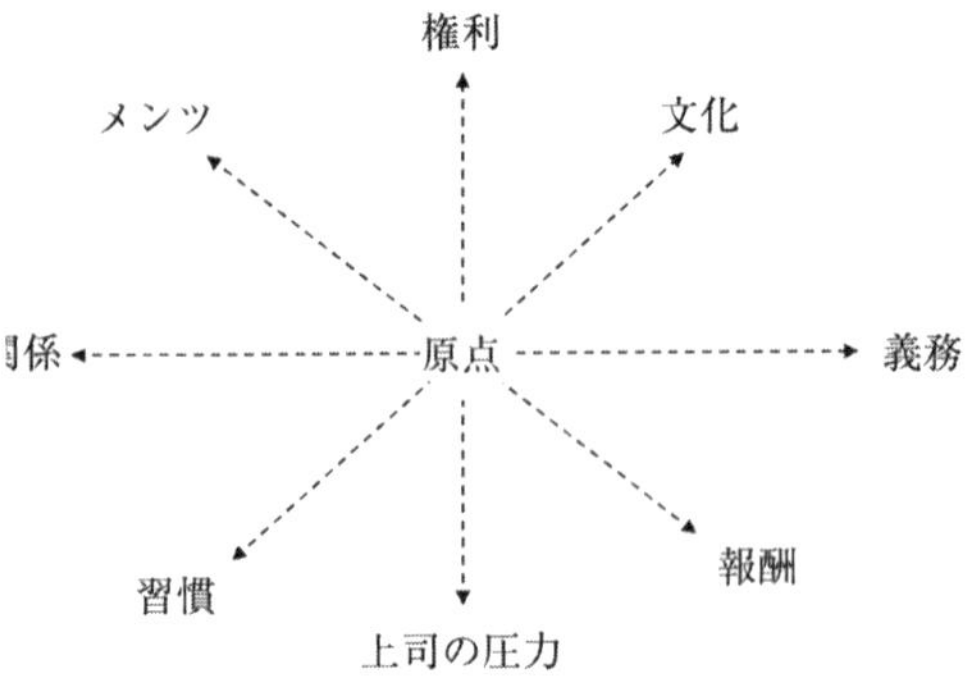

図　5―5 原点に影響する要素

壁を超える方法

自分の立場である「名」から離れて問題を考えると、方向を見失い、問題を解決するための本当の原因が見えなくなってしまいます。山登りで道に迷ったときと同じように、迷路から脱出できる良い方法の一つは「原点」に戻ることです。原点とはすなわち「名」で、任された仕事にふさわしい役割と義務です。原点に戻るとは、まさに孔子の言う「正名」であり、「名を正す」ということです。

先生は言われた、「名が正しくなければ言葉も順当でなく、言葉が順当でなければ仕事も出来上がらず、仕事が出来上がらなければ、儀礼や音楽も盛んにならず、儀礼や音楽が盛んでなければ、刑罰もぴったりゆかず、刑罰がぴったりとゆかなければ人民は〈不安で〉手足の置き所もなくなる。だから君子は名をつけたらきっとそれをことばとして言えるし、言葉で言ったらきっとそれを実行出来るようにする。君子は自分の言葉については決していいかげんにしないものだよ。」（子路第十三―三）

孔子は名を正すことの重要性だけでなく、いかに名を正すかについても詳細に述べています。

先生が言われた、「もし我が身を正しくさえするなら、政治をするぐらいは何でもない。我が身を正しくすることも出来ないのでは、人を正すことなどどうなろう。」（子路第十三―十三）

名を正すには、まず自ら欠点を直し、学ばれる模範になるようにしなければなりません。正でない人は他人の欠点を正すことができません。私たち一人ひとりが自らを正すと、まわりにも影響を与え、社会全体がよりよい方向へ向かっていくのではないでしょうか。

季康子が政治のことを孔子にたずねて言った、「もし道に外れた者を殺して道を守る者を作り上げるようにしたら、どうでしょうか。」

孔子は答えて言われた、「あなた、政治をなさるのに、どうして殺す必要があるのです。あなたが善くなさろうとされるなら、人民も善くなります。君子の徳は風ですし、小人の徳は草です。草は風にあたれば必ずなびきます。」（顔淵第十二―十九）

ところで、自分の立場から問題を考えるときに避けるべき四つの癖があると孔子は言います。

先生は四つのことを絶たれた。勝手な心を持たず、無理押しをせず、執着（しゅうちゃく）をせず、我を張らない。（子罕第九―四）

「**勝手な心を持たず**」とは、問題の原因を探し、解決するときに、自分勝手に判断せず、先入観に影響されないということです。自分勝手な判断は往々にして事実から逸脱（いつだつ）してしまうため、現実、現場、現状、現物に基づき、問題の真の原因を解決する方法を考えよ、ということです。

「**無理押しをせず**」とは、同じ問題であっても、時と場合によって形成要因や制約条件などが異なるため、必ずしも同じ方法を貫く必要はなく、計画通りに行かない際には無理に推し進めるよりも、実情に応じた最良の方法を探した方がよいということです。何らかの計画を執行するときには、現場の実情に基づき、計画を調整した方がよいでしょう。計画を立てる理由は最良の方法で問題を解決するためなのですから。

これについては、孔子は、こう言っています。

先生がいわれた、「君子が天下のことに対するには、さからうこともなければ、愛着することもない。〈主観を去って〉ただ正義に親しんでゆく。」（里仁第四―十）

「**執着をせず**」とは、ひとつのこと、原理、方法にこだわらないということです。以前はこうだったから今もこうしなければならない必然性はありません。物事は絶えず変化しているので、同じ方法では以前と同じ効果が得られなくなります。特に企業と環境との関係においては「固なく」という理念がきわめて重要です。バブル崩壊、リーマンショック、個人消費の低迷、円安など、外部環境の激変に対応できないために倒産した企業が近年相次ぎました。日々外部環境の変化にさらされている企業が苦境を克服し、発展を遂げるには、外部環境に常に柔軟に対応し、経営戦略を革新し、新たな事業を切り拓いていかなければなりません。

社会進化論の提唱者であるハーバート・スペンサーが発案し、チャールズ・ダーウィンが『種の起源』に採り入れた「適者生存(てきしゃせいぞん)」という概念もこれと同じことを語っています。つまり生き残ることができる生物は、最も強いものでも最も賢いものでもではなく、環境に最も適応できるものであるということです。仕事をするときも同様に、環境の変化に応じて、柔軟に変化し、適応するように調整する必要があります。

「**我を張らない**」とは、自分のことしか見ないような自己中心的な考えや態度をとらないということです。自己中心的な人は自分の長所しか見ようとしない特徴があり、自分に関係のある人や物事であっても無視してしまいます。中国では「うちのお父さんはこんなにえらい人なんだよ」と親の自慢話をする若者がよく見受けられます。おそらく、自分の空間に引きこもり、それ以外の世界が見えなくなってしまった結果なのでしょう。

「原点」に戻るとは、自分の立場をわきまえ、システムの中の位置付けを意識し、その中で自己の責任と義務を確認し、ふさわしい機能を果たすように努力するということです。それに対し、自己中心とは自分のことしか考えず、システムの中の位置や責任や目的を考慮しないということです。自己中心はシステムの位置や目的などを見失い、自分の原点から離れることにつながります。

ここで知り合いが教えてくれた、自己中心的な出来事を紹介しましょう。その知り合いが小さな居酒屋で食事をしていたとき、スタッフがスープをもってきましたが、親指を器の内側に入れていたため、指がスープに浸かっていました。

知り合いは「指がスープに入っているよ」と注意しましたが、スタッフは「熱くないから大丈夫です」と答えたのです。

知り合いはあまりにも意外な答えに唖然（あぜん）としました。汚いから、指をスープに入れないでとスタッフに言ったつもりだったのに、スタッフは客が清潔なスープを飲みたいという気持ちを悟らず、自分の指のことしか考えていませんでした。

このスタッフの答えから居酒屋での仕事のハードさ、居酒屋の管理体制の問題など、いろいろな情報が読み取れますが、スタッフが自己中心性をとりあげます。そのスタッフは、客が居酒屋に入る目的、スタッフとして居酒屋で果たすべき役割、居酒屋全体が果たすべき機能と目的が分かっていません。また他人の立場で問題を考える意識、自分の行動が他人にどれぐらい迷惑をかけているかという思いやりの意識も不足しています。

恕　思いやりは双方向

上述した居酒屋の例でも分かるように、自分の立場のほかに、他人の立場から世界を見ることも重要です。

子貢がおたずねして言った。「ひとことだけで一生行っていけるということがありましょうか。」先生は言われた、「まあ恕（じょ）〈思いやり〉だね。自分の望まないことは人にも仕向けないことだ。」（衛霊公第十五―二十四）

恕は、他人の視点や立場から問題や物事を考慮することです。これは誰にとっても非常に重要なポイントです。この世にいる誰であっても、必ず他人と付き合わなければなりません。他人と付き合っている時に、自分は自分、他人は他人だから、関係をもたなくてもいいと思っている人がいるかもしれませんが、そのような考え方は、社会を無視していた考え方です。誰でも社会の一員ですし、だれでも幸せで健康な人生を送りたいという共通の目的を持っています。その目的はまた社会の目的でもあります。それゆえ、図5―6に示すように、皆が互いにつながっていて、共同体を成して生活しているのです。

システムにおける一人ひとりがいい生活ができれば、その社会システムもいいと言えます。逆に、もし社会システムがよくなれば、一人ひとりももっと幸福に生活できるといえます。

社会システムは、多くの小さなシステムから構成されています。一つ一つの小システムは、それぞれの目的を持っています。個々のシステムは、社会のニーズを提供し、社会のために役割を分担しているからこそ、存在価値が得られます。それらの小システムは、互いにつながって連動しながら、社会全体の機能を担（にな）っているのです。

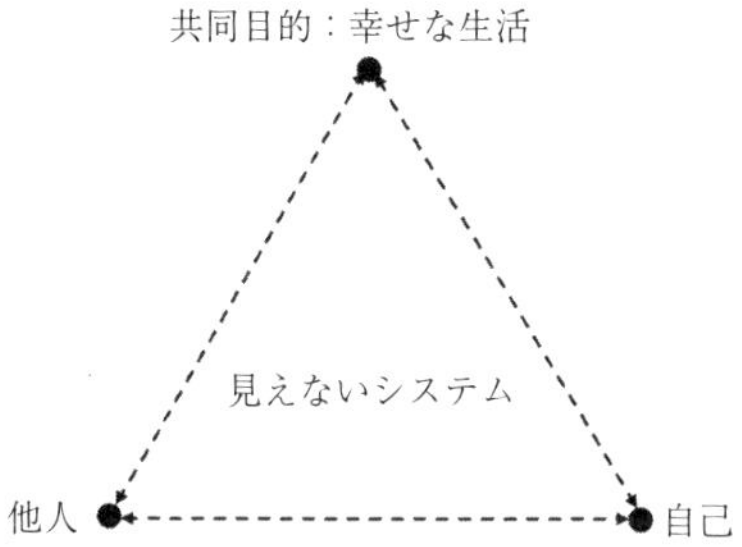

共同目的：幸せな生活
見えないシステム
他人
自己

図5—6 自分と他人との関係図

システムによって構成要素が異なります。また、システムに属する個々人の立場によって、それぞれの役割や機能も違います。しかし、どの人、どのシステムにも共通する目的があります。それは、システムの目的と機能を達成することです。

たとえば、レストランのシステムにおいては、顧客とスタッフの立場及びニーズが異なりますから、システムうちで異なる役割を担い、それぞれのシステムの任務や機能を完成させます。スタッフの機能は、顧客にサービスを提供することで、一定の仕事内容や機能を行います。顧客は、サービスを受け、そのサービスに対し、一定の料金を払います。レストランの基本目的及び機能は、顧客のニーズを満足させることです。その目的は、スタッフと顧客の共同連携・協力により完成できます。

レストランでの食事は、限られた時間でのサービスになります。食事が終わった時点で、顧客とスタッフとの関係も終わります。しかし、もっと広い視点で見れば、レストランのスタッフが仕事が終わって百貨店にショッピングに行くとき、ショッピングというシステムにおいては、サービスを受ける側に変わります。ここでのサービス提供者は百貨店のスタッフになります。すなわち、あるシステムにおいては、サービスを提供する側が、他のシステムにおいては、サービスを受ける側になるのです。社会は、このような無数の小システムから構成されており、その中で、自分と他人がつながっています。誰もが、サービスの提供者であると同時にサービスの受益者でもあり、異なった立場と役柄を持っています。つまり、自分のニーズを完成することは他人のニーズを完成することであり、また他人のニーズを完成することは、自分のニーズを完成することだといえます。

このように、他人は自分と関係ない存在なのではなく、同じ目的をもって、一つの共同体をなして共同生活しています。しかし、自分と他人は、それぞれの立場によって、実際に見えている目的やニーズが異なるため、自他の関連や共同目的などが見えにくいこともしばしばあります。ゆえに、自他の関連を考えることが重要なのです。

また、大多数の人は一つの仕事に従事してサービスを提供していますが、他のたくさんの小システムにおいてはサービスの受け手でもあります。もし、すべての人が、任された仕事をうまく仕上げれば、無数の良質なサービスを受けられることになります。ですから、もし一人ひとりが、責任を持って仕事をすれば、幸せで健康な社会が作られることでしょう。

上述した解釈で述べた「恕」は単方向ではなく、双方向のものであることは、定公の質問に対する孔子の回答で検証されます。

定公が「主君が臣下を使い、臣下が主君に仕えるには、どのようにしたものだろう。」とおたずねになったので、孔先生は答えられた、「主君が臣下を使うには礼によるべきですし、臣下が主君に仕えるには忠によるべきです。」（八佾第三―十九）

君は部下の臣に礼儀正しく接し、臣は君に忠を尽くすというのは、まさに恕の双方向性を反映した考え方です。人と人との付き合いの方針である「恕」は製品のデザインや性能、組織のルールや制度などにおいても重要です。自他の双方向性を重視する「恕」の精神を欠き、自己中心になってしまえば、どんな製品や制度であっても、人々のためになりません。そういった自己中心的な製品や制度に囲まれた人々はきっと息苦しくなるでしょう。

思いやりの実施方法

恕をどのように実現するかは非常に重要な課題です。図5―7に示すように、以下では、目的、ハードウエア、ソフトウエアとヒューマンウエアという4つの立場から問題を検討し、いかに恕を実現するかを詳しく分析します。

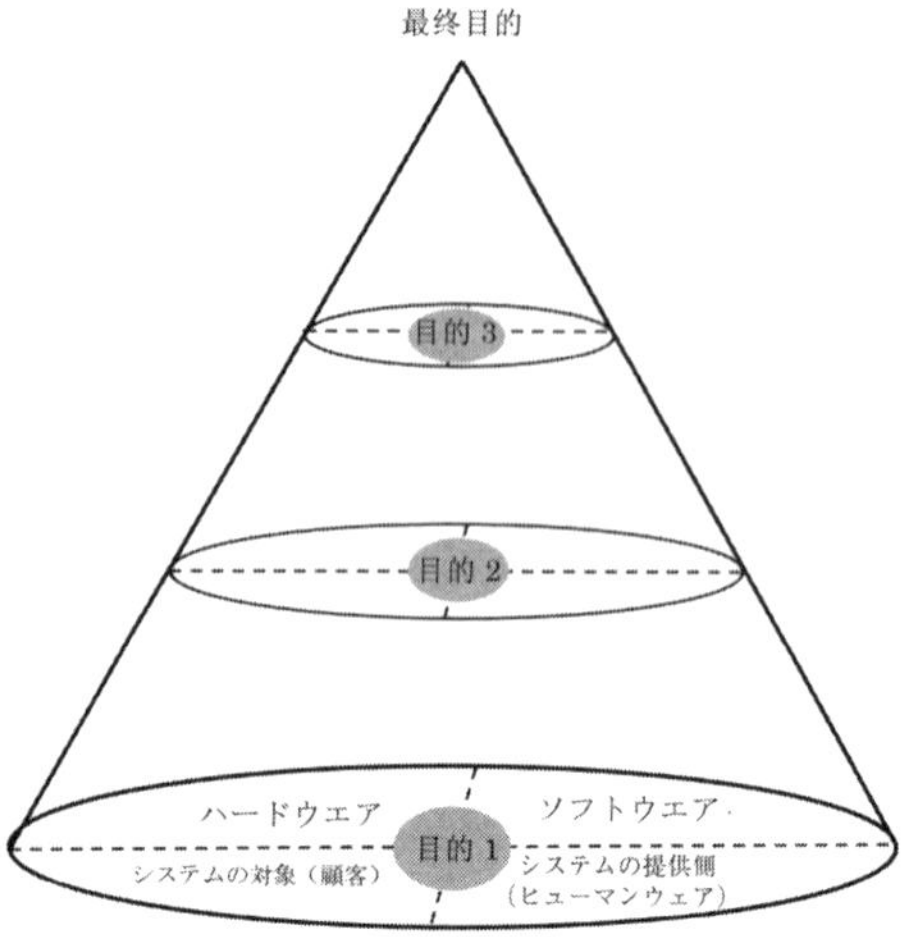

図 5―7 システムの目的及び構成要素図

まずシステムの目的をどの段階に設定するかを決める必要があります。目的の段階によって、システムが提供するサービスや機能も異なります。目的の段階が決まれば、次はシステムの対象と目的を達成するためのハードウエア、ソフトウエア、ヒューマンウエアなどを考えます。ここでは、ある公共交通システムを事例として恕の実現方法を説明します。

筆者が海外から中国の実家に帰るときは、いつも国際空港から地下鉄に乗り換えて、親戚の家に一泊し、翌日の新幹線で家に戻っています。空港から親戚の家までは遠くて時間がかかり、また途中乗り換えもあり、長い距離を歩くだけでなく、階段を登らなければなりません。せっかく海外で留学・生活しているので、お土産などは制限重量まで持っていきます。手には大きいスーツケースを2つもち、背中には大きいリュックを背負い、全部で50キロくらいの重さの荷物を持ちながらので、一番困るのが階段です。荷物を2回に分けて上がったり、下りたりしていて、いい運動にはなりますが、なぜエレベーターがないのかと悩まされます。

また、駅構内にトイレが少ないという問題もあります。通った地下鉄の駅でトイレの有無を確認してみたところ、駅構内だけでなく駅の周辺にもトイレが見当たらないところさえありました。長時間外出する人や、急に具合が悪くなった人などがどのように生理的な問題を解決しているのかと不思議に思ってしまいます。中国では、駅構内などの公共な場所でおしっこをする子どもがいるのがニュースになりました。それは、親の準備不足というより、公共交通機関の中にトイレを設置していないことも大きな原因ではないでしょうか。

上述した問題は、交通機関のデザインの問題ではありますが、その裏には問題意識の足りなさが見られます。他人の立場に立って問題を考えるという問題意識の持ち方が足りなければ、人々を満足させる作品は生まれません。逆に言うと、満足度の高い作品を作りたければ、サービスの提供者やデザイナーの立場からだけでなく、利用者や使用者の立場も含めて設計しなければなりません。以下、地下鉄を例に、どのように他人の立場に立って問題を考えるかを具体的に述べていきます。

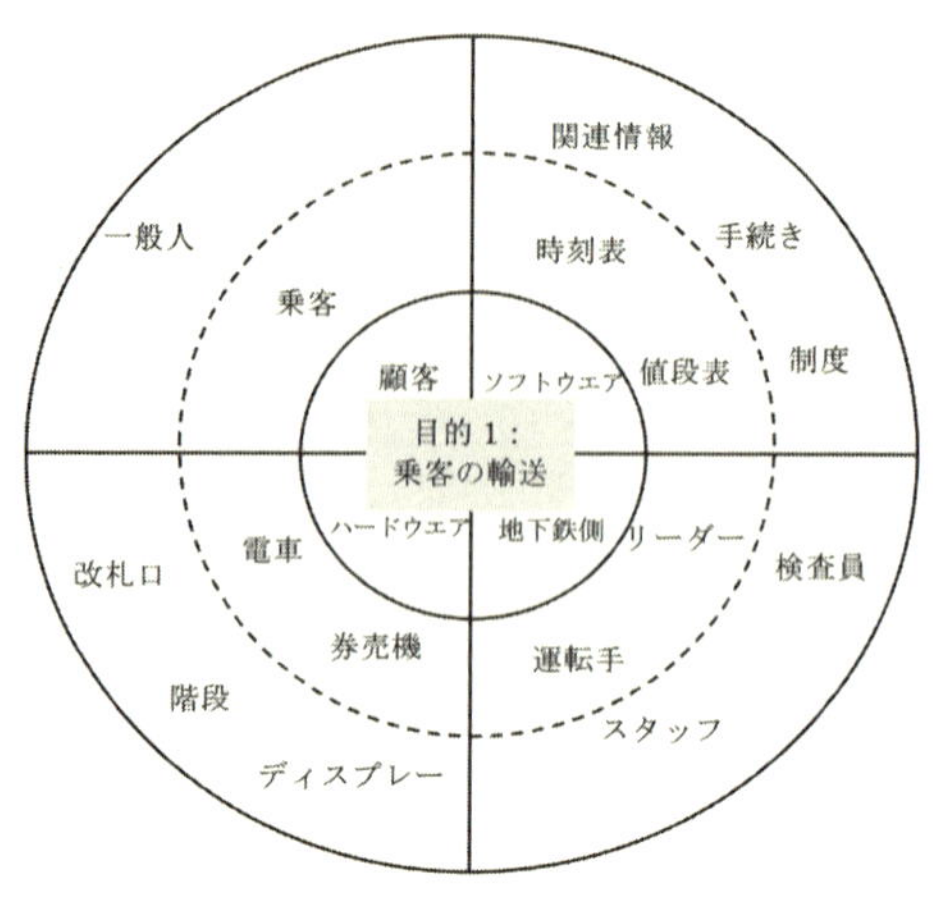

図5—8 地下鉄システムにおける基本の目的及び構成図

地下鉄の最も基本的な機能は乗客を輸送することです。ここで、ただ人を移動させるという基本的な目的だけに注目し、乗客の満足度を無視するとすれば、乗客の細かい分類は必要ではありません。図5—8に示すように、輸送という目的を達成できるハードウエアやソフトウエアやヒューマンウエアなどがあれば、それで十分です。

しかし、乗客を輸送するということは、交通機関として最も基本的なレベルの目的であり、その機能だけ完成したとしても、乗客の満足など、より高い段階の目的は完成しません。

もし、地下鉄の目的を乗客の満足という段階まで向上させようとするのならば、乗客の立場に立って、乗客の気持ちや生理的な問題などを考慮しなければなりません。ただ輸送すればいいという段階だけにはとどまらな

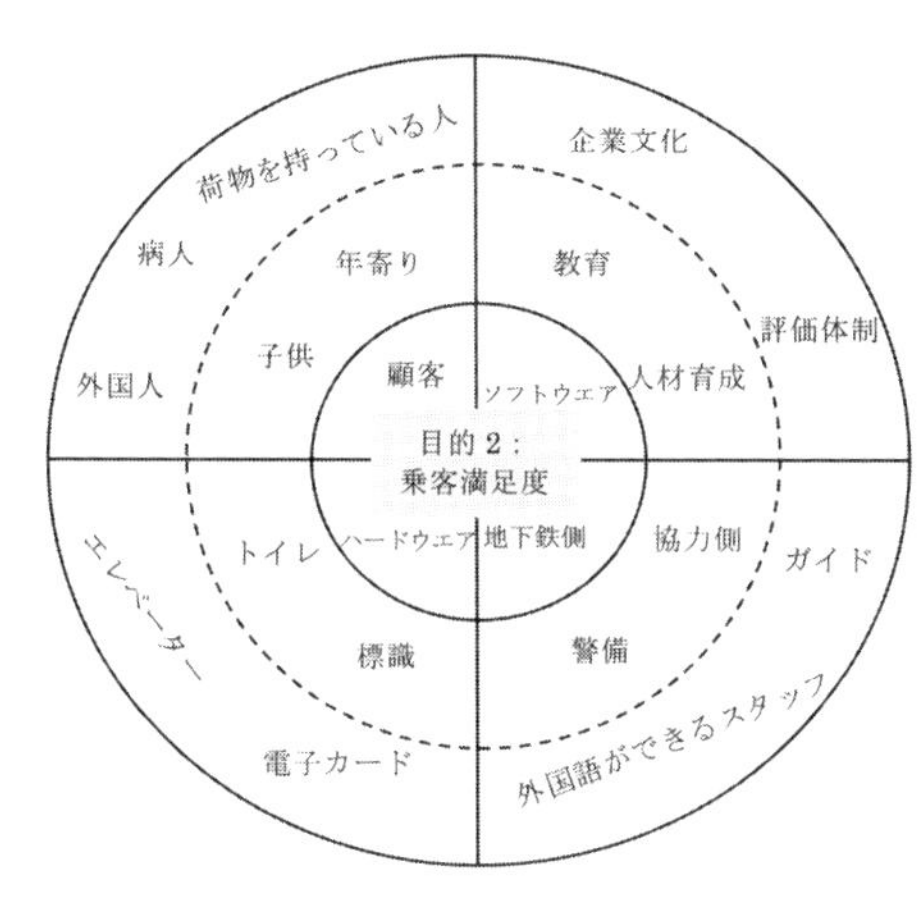

図５―９乗客満足度のための地下鉄システム構成図

いわけです。

もし、目的を乗客の満足に設定するなら、図５―９に示すように、ハードウエア、ソフトウェア、ヒューマンウエアなども変化します。乗客に便利な地下鉄の環境を提供したいならば、どんな乗客がいるかをはっきりさせなければなりません。

乗客には、いろいろな人がいます。若者、お年寄り、地元の人、地元ではない人、地下鉄に詳しい人、初めて地下鉄に乗る人、体調がいい、体調がわるい、疲れている、体力が十分な人、さらに、荷物があるかどうか、一人か、子どもを同伴しているか、目がいいか目が悪いか、中国語が話せるかどうか、などを区別しなければなりません。

乗客を分類してから、それぞれのニーズに応じて地下鉄が果たすべき機能とその機能を達成するためのハードウエアやソフトウエアなどを考えます。たとえば、足の不自由な乗客、体調の悪い乗客、荷物をいっぱい持っている乗客、ベービーカーを使用している乗客のためにエレベーターを設置すること、あるいは、すべての駅にトイレを設置し、トイレの場所を示し、目立つところに案内を掲示すること、さらに、車いすの乗り降りや、おむつ交換の必要な乗客のため、トイレの出入り口や中の設備も周到に用意することなどが必要です。

このように、地下鉄の目的を、運送という自己中心的な目的にとどまらず、乗客の満足という高いレベルに設定することで、細かく分類した乗客のニーズが考慮でき、ある程度満足でき、かつ思いやりがあるハードウエアやソフトウエア、ヒューマンウエアを設計できます。そうしないと、地下鉄の環境を便利な気持ち良い状態にすることはできません。

上述したことは、如何にして恕を実現させるかの方法です。

邦　無視されやすい立場

他人の立場に立って問題を考える恕の理想形は、Ｗｉｎ―Ｗｉｎともいわれています。しかし、ここで言っている「恕」のＷｉｎ―Ｗｉｎ関係は、社会に貢献できることが前提です。社会の立場を無視し、社会に貢献できない狭義的なＷｉｎ―Ｗｉｎ関係は、欠点があります。

金儲けしか興味のないビジネスマンと賄賂を受け取る高官との協力・連携は、彼らにとってはＷｉｎ—Ｗｉｎなのですが、社会や国家にとっては損失、さらに災難になるかもしれません。手抜け工事による建物の倒壊など、公共施設の質の問題は彼らだけのＷｉｎ—Ｗｉｎ関係の結果です。

このようなシステムは我々の目の届けないところに隠れていますから、軽視されやすいです。問題を解決する時には、図5—10に示すように、自己や他人の角度からだけではなく、社会の角度からも考える必要があります。

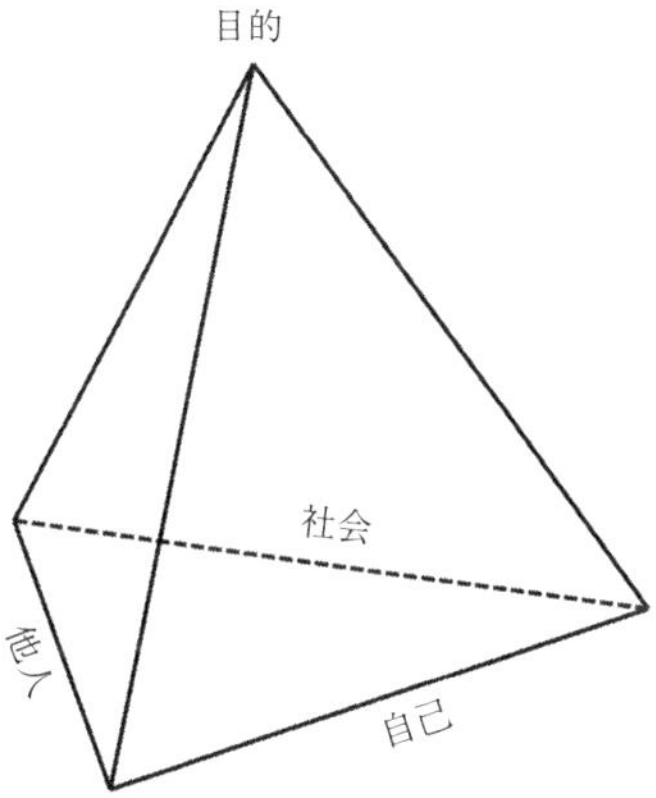

目的
社会
他人
自己

図 5—10 システムの３つの角度

憲（けん）が恥のことをおたずねした。

先生は言われた、「国家に道があれば〈仕官して〉俸禄を受ける。国家に道が無いのに俸禄を受けるのは恥である。」（憲問第十四—一）

孔子は、個人の富を考える前に、社会という前提を考え、社会の立場に立って問題を考えることを強調しています。

もし、秩序が混乱し、風土が悪く、人が不信感から騙し合うような環境でお金を儲けたとしても、そのお金は正しい道で儲けたものではありません。社会や他人の利益を犠牲にして儲けた利益です。孔子は、それは恥ずかしい行為だと言います。自分の財産や地位は社会の基礎があるからこそ得られるものです。

孔子は、社会の立場の重要性をこのように強調しています。また、孔子の社会に対する風習や文化、価値観の重視は、彼の社会的立場を反映して考えられたものです。

先生が言われた、「道徳を修めないこと、学問を習わないこと、正義を聞きながらついて行けないこと、善くないのに改められないこと、そんなになるのが私の心配事である。」（述而第七―三）

すでに述べたように、社会の存在は、社会意識を決定します。それは、一部の個人的行為が他人の意識に影響するということです。個人の行為は、多くの場合、個人の素質、性格、個性などの要因にまとめられますが、個人行為は、社会に深い影響を及ぼします。ですから、個人の行為は、社会に対する影響を一定程度考慮しなければなりません。老人が転んでも助けない、席を譲らない、社会に害を与える、自分の欠点を改善しない、といったことは、すべて個人の行為ですが、それらは、最終的に社会に影響を及ぼすのです。

天下　Ｗｉｎ―Ｗｉｎから「四方良し」への世界の立場

先生はがっかりしていわれた、「鳥や獣とはいっしょに暮らすわけにはいかない。わたしはこの人間の仲間といっしょに居るのでなくて、だれといっしょに居ろうぞ。世界じゅうに道が行われているなら、丘も何も改めようとはしないのだ。」（微子第十八―六）

社会よりも大きいものは世界です。通信技術の発展やグローバル化の進展にともない、地球は一つの村になりました。国内での出来事がたちまち世界中に広がり、個人のささやかな行為がなんらかのきっかけで国中、さらに世界中で注目を浴びるかもしれません。したがって、問題を解決する際に、世界の視点から問題を見ることも重要です（図5―11）。

２００８年に起こった毒餃子事件は世界の視点の重要性を示唆しています。毒を入れた当事者は待遇などに不満をもち、会社に報復したいと思っていました。しかし、この個人の恨みを晴らす行為は日本と中国の関係、中国産商品の全体的な信用まで脅かしました。自分の行為がそこまで影響するとは、当事者は夢にも思わなかったでしょう。

毒餃子事件は、マスコミの注目を集め、事件の真相が明らかになるまでに、情報がどんどん大げさになっていきました。日本では、中国産の食品の信用度が一気に低下し、さらには、中国政府も信頼できないという風評まで流れました。事件が結局一人の怨恨から引き起こされた事件であるとは誰も想像しませんでした。しかし、中国製という三文字の信頼性が回復するまでにどれぐらいの努力、どれぐらいの時間を要するのか。そこまでの影響があるとは事件を起こした本人は考えもしなかったに違いありません。

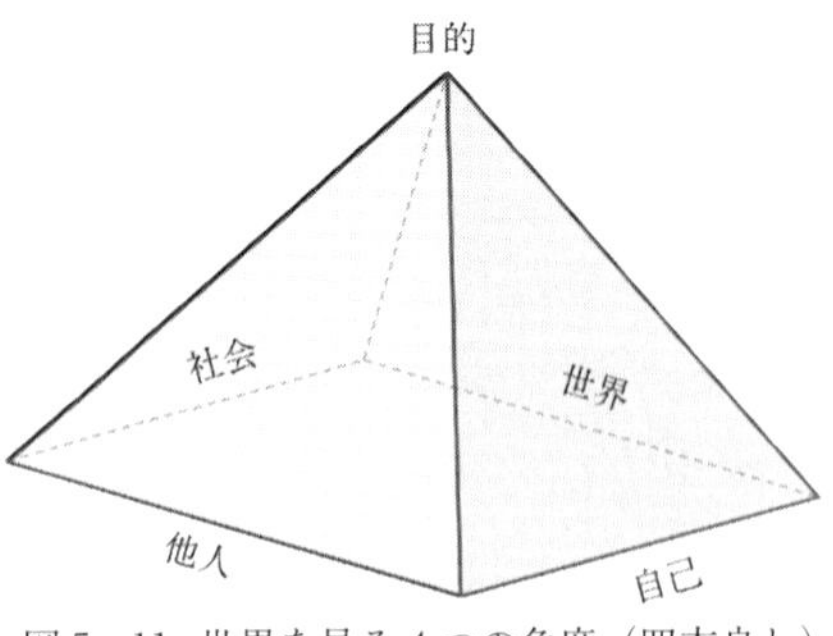

図5—11　世界を見る４つの角度（四方良し）

個人の行為が国と国の関係を悪化させるのと同じように、工業汚染も国際的な影響を及ぼしうるものです。科学技術の発展のおかげで、非常に便利な環境が作られている一方、別の（つまり負の）一面も社会へ影響を及ぼしています。工業廃水を河川に、最終的に海に流している国が少なくありません。海は世界中につながっているので、汚染水がいつか別のところへ流れ着き、悪影響を与えるおそれがあります。つまり、環境汚染は世界中に悪い影響を与えることになるのです。もし、海がすべて汚染されてしまったら、人類はどうなるのでしょうか。海は広大だから、問題ない、杞憂だという人もいるかもしれません。そのような人たちはおそらく、２００７年に中国の太湖で起きた藍藻問題を知らないのでしょう。太湖は、向こう岸が見えないくらい広く、水がいつも流れていますが、最終的に藻が大量発生し、深刻な水質汚染を引き起こしました。それは、一日でおきた変化ではなく、長年の環境変化が蓄積され、問題が顕在化したのです。

海の汚染問題も同じです。海は広大ですから、人類は海に対して信頼を置きすぎているのかもしれません。海に対するわずかな傷や汚染は、全然たいしたことではないと考えているのかもしれません。しかし、たとえ少しだとしても、汚染は汚染であるということを忘れないでいただきたいのです。その変化はずっと小さく、目につきにくいだけなのです。もし汚染がはっきり見えるようになったときは、その変化はすでに取り返しのつかない質的な変化に変わってしまっているのかもしれません。そうなってから、解決しようとしても、非常に難しいでしょう。

汚染問題だけではなく、エネルギー問題も同じです。現在世界で起こっている戦争は、エネルギーを奪いあうために起こっているといえるのではないでしょうか。戦争が好きな人はいないと思いますが、一方で日常生活においては、私たちは様々なエネルギーを無駄にしています。たとえば、昼でもライトを使っているところが多いでしょう。自分のものでない、つまり会社や公共のものだと、無駄に使ってしまいがちです。コンビニやスーパーで廃棄されたモノは、ほぼ捨てられます。廃棄されたりムダになったモノは、たくさんのエネルギーを使って生産されたわけです。つまり、戦争の原因となるエネルギー危機の背後には、際限なく膨らむ人間の欲望や生活様式があると言えます。それは、誰もが関わりのあることです。

CO_2問題や地球温暖化も同様です。地球という巨大なシステムにおける問題からは、誰も逃れることはできません。もし我々が世界や人類の立場に立って問題を考えるならば、より良い問題解決方策を見つけることができるに違いありません。

我々が問題を解決する際には、個人や他人の視点からだけではなく、社会や世界（自然などを含める天下）という視点から総合的に考えなければなりません。すなわち我々はＷｉｎ―Ｗｉｎ関係だけではなく、自分、他人、社会、世界の４つの視点から問題を考え、解決し、４者がそれぞれ喜ぶような（四方良し）結果を達成することが必要なのです。

あとがき

文学を始めとする日本文化に深い関心を抱いていた私は、8年前に長年勤めた会社を退職して、大学院留学生として来日しました。充実した大学院の授業を受ける中で、「私捨夢づくり」（システムづくり）こそが、私が長い間追求していた「則天去私」の世界だ、と悟りました。そのきっかけは、恩師山本勝教授の授業でした。先生からは、人を中心にしたシステムづくりにおいて、客観的・理性的な「理」の側面だけではなく、主観的・精神的な「情」の側面に重点に置いていくことが不可欠で、2500年にわたって今まで影響力がある中国の哲学者である孔子がまさしく「情」の側面を重視した、人間を中心にした思想だと言われました。そうして、私は「温故知新」から、「温故知心」及び「温孔知心」へ、つまり「理」と「情」のバランスが取れた孔子的問題解決アプローチを研究する課題に進んできました。

学問の門外漢である私を、学問の従へと導くために、山本勝教授からは、「人を教えて倦まず」の言葉通り、研究の進め方や方法の御指導はいうまでもなく、生活面においても、全面的な御支援をしていただきました。とくに、困難な状況に陥った際や、慣れない環境でストレスが溜まってしまい、冷静に物事を考えられない状況の時、そして自分が進むべき方向に困惑しているときにも、ユーモアかつ情熱的な御指摘及び御指導をいただき、つねに進むべき道を的確に示していただきました。どれだけ感謝の言葉を尽くしても足りません。ここに心をこめて深甚の謝意を申し上げます。

また、愛知工業大学副学長・鈴木達夫教授並びに愛知工業大学大学院経営情報研究科長・近藤高司教授の両先生にも日頃の研究面及び生活面において、様々な配慮をしていただき、非常に自由かつ自主的な素晴らしい研究環境を整備していただいたからこそ、本書を完成することができました。多大な御支援及び御指導をいただいたことに対し心より深謝申し上げます。

さらに、本書におけるファジー理論に関する知識は修士課程時代の恩師である小田哲久教授から御指導及び御指摘をいただきました。経営の基礎知識及び日本語能力などが極めて乏しい私に、幅広い知識を御教授いただいたとともに、親身になってご指導いただきました。とくに、来日の際の手続きやその後の日本での生活支援において大変お世話になり、心より深謝申し上げます。

愛知工業大学に在籍した8年間において、愛知工業大学経営学部長田村隆善教授をはじめ、岡崎一浩教授、野村重信教授、小森清久教授、石井成美教授、後藤時政教授各先生から御指導及び御助言を多々頂き感謝申し上げます。また、小橋勉准教授及び吉成亮准教授には進路や生活面において親身な御支援及び御指導をいただきました。ここに感謝申し上げます。さらに、佐々木賢治客員教授（SIA佐々木インターナショナルアカデミー（株）社長）、加藤典孝客員教授（（元）ソニー美濃加茂（株）社長）、蛇川忠暉客員教授（日野自動車（株）特任顧問）、竹内弘之客員教授（社団法人 中部産業連盟 専務理事）、柘植映二客員教授（トヨタ車体（株）元副社長）、大西匡客員教授（ジェイテクト顧問）、杉山哲朗先生（中部品質管理協会専務理事）等の愛知工業大学大学院の客員教授の先生方から、いろいろな知見をいただきまして、ここにあらためて深謝致します。

また、共同研究を通じて貴重な研究指導・助言をいただきました愛知県立大学の永井昌寛教授及び名古屋工業大学大学院の横山淳一教授には、3年間にわたりゼミに参加させていただきました。国際発表などの場において御指導及び御指摘を多々いただきました。ここにあらためて深謝致します。

日本での8年間の生活は、私のこれまでの、そして、これからの人生において大変有意義な経験となりました。日中文化協会の皆様、嵯峨御流の安藤順甫先生、浅井幹一教授、山本俊輔先生及び松井道裕様など日本で出会った方に対して、これまでの御厚情と御支援に対して心から感謝致します。

さらに、本書の作成においては、鈴木達宜様、加藤久美子様、小宮浩子様及び福澤和久様からご支援及びご助言をいただきました。ここに感謝の意を表します。とくに、本書の作成においては、日本僑報社の段景子社長、段躍中編集長などからいろいろなご支援をいただきました。心から感謝申し上げます。

最後に、博士課程（平成23年度～25年度）の3年間、にっとくアジア留学生奨学基金の奨学金をいただいたおかげで、生活面での不安なく本書の基礎構造の作成に全力を注ぐことができました。ここに深く謝意を表します。

参考文献

日本語の文献

山本勝、保健・医療・福祉の私捨夢（システム）づくり、篠原出版新社、２００９
齋藤嘉則、問題発見プロフェッショナル―「構想力と分析力」、ダイヤモンド社、２００１
坂井克之、心の脳科学―「わたし」は脳から生まれる、中央公論新社、２００８
池上直己、ベーシック医療問題、日本経済新聞出版社、２０１０
西岡常一、木に学べ―法隆寺・薬師寺の美、小学館、２００３
佐々木亮、評価の論理：評価学の基礎、多賀出版、２０１０
金谷治、論語、岩波書店、１９９９
永井輝、儒学復興―現代中国が選んだ道、明徳出版社、２０１２
山本勝、保健・医療・福祉のシステム化と意識改革、新興医学出版社、１９９３
吉田賢抗、論語、明治書院、１９８８
貝塚茂樹、孔子・孟子、中央公論新社、１９７８
楊先挙、孔子マネジメント入門、祐木亜子訳、日本能率協会マネジメントセンター、２０１０
加地伸行、論語の世界、新人物往来社、１９８５
子安宣邦、思想史家が読む論語：「学び」の復権、岩波書店、２０１０
宮崎市定、論語の新しい読み方、岩波書店、１９９６
橋本秀美、『論語』：心の鏡、岩波書店、２００９
大枝秀一、問題と問題意識とに関する哲学的評注、哲学27、日本哲学会、ｐｐ・１８５―１９６、１９７７
劉継生、孔子の自律的社会秩序の思想、創価大学通信教育部論集8、ｐｐ・１１５―１３５、２００５
史文珍、孔子論的問題解決アプローチの開発及び地域包括ケアシステムへの応用に関する研究、愛知工業大学博士論文、愛知工業

大学、2014.3
史文珍、システムづくりにおける孔子的問題意識に関する一考察、愛知工業大学経営情報科学Vol・8(2)、pp・49—61、2013
史文珍、山本勝、孔子思想に基づいたシステムズ・アプローチの一考察、日本経営診断学会論集Vol・12、pp・47—52、2012

中国語の文献

彼得・圣吉、第五项修炼、中信出版社、2009
钱穆、论语新解、生活・读书・新知三联书店、2005
潘乃樾、孔子与现代管理、中国经济出版社、1994
于丹、于丹《论语》心得、中华书局、2006
傅佩栄、孔孟与现代人生、北京理工大学出版社、2011
郝大为、安乐哲、孔子哲学思微、江苏人民出版社、1996
南怀瑾、论语别裁、复旦大学出版社、2005
匡亜明、孔子評伝、南京大学出版社、1990
趙鈴鈴、孔子的人生『時化』聖教、国際儒学研究、Vol・17、2011
傅永聚、20世纪儒学研究大系、中华书局、2003
李哲厚、论语今读、天津社会科学院出版社、2007
赫伯特芬格莱特、孔子即凡而圣、彭国祥、张华译、江苏人民出版社、1988
庞朴、儒家辩论法研究、中华书局出版、1984
中国社会科学院语言研究所词典编辑室、新华字典、商务印书馆、2011

杜任之、高树帜、孔子学说精华体系、山西人民出版社、1985
李零、丧家狗我读论语、山西人民出版社、2007
李木生、人味孔子、河南文艺出版社、2007
蔡思尚、十家论孔、上海人民出版社、2006
孔子诞辰2540周年与学术讨论论文集、上海：生活·读书·新知三联书店上海支店、1992
黄梓根、张松辉、老子与中庸思想论析、新视野2007（4）、2007

☆ 著者紹介

史 文珍（し ぶんちん）

江蘇省南京市生まれ。外資企業の経験を経て、2008 年愛知工業大学大学院博士前期課程に留学。2014 年博士後期課程を修了。博士（経営情報科学）。現在愛知工業大学大学院ポスドク研究員。研究方向：中国経済、問題解決学、儒学、日中の高齢社会問題等。日本経営診断学会会員、日本経営システム学会会員、日中文化協会会員。著書：『孔子式問題解決体系之問題意識構造』（中国語・経済管理出版社）。

☆ 訳者紹介

汪宇（おう う）

上海生まれ。華東師範大学中文系（中国語学科）対外漢語専攻卒業後来日。2003 年に九州にある日本語学校で日本語を勉強してから、2004 年に名古屋大学に大学院研究生として入学。2010 年に同大学文学研究科で博士（文学）学位を取得。現在東京福祉大学に勤めており、日中通訳・翻訳、言語学概論、対照言語学等の授業を担当。現在主な研究方向：言語学、儒学、日中翻訳・通訳等。日本言語学会会員、日本語用論学会会員。

温孔知心　～孔子の心、経営の鏡～

2016 年 4 月 27 日　初版第 1 刷発行

著　者　　史 文珍（し ぶんちん）

訳　者　　汪 宇（おう う）

発行者　　段 景子

発売所　　株式会社 日本僑報社

〒 171-0021 東京都豊島区西池袋 3-17-15

TEL03-5956-2808　FAX03-5956-2809

info@duan.jp

http://jp.duan.jp

中国研究書店 http://duan.jp

2016 Printed in Japan. ISBN 978-4-86185-205-3　C0036

Confucian system approach: problem construction © Wenzhen Shi　2015
Japanese copyright © The Duan Press
Japanese translation rights arranged with Yu Wang

好評既刊書籍

アメリカの名門 CarletonCollege 発、全米で人気を博した

悩まない心をつくる人生講義

—タオイズムの教えを現代に活かす—

チーグアン・ジャオ 著
町田晶（日中翻訳学院）訳

2500 年前に老子が説いた教えにしたがい、肩の力を抜いて自然に生きる。難解な老子の哲学を分かりやすく解説し米国の名門カールトンカレッジで好評を博した名講義が書籍化！

四六判 247 頁 並製　定価 1900 円＋税
2016 年刊　ISBN 978-4-86185-215-2

新疆物語

〜絵本でめぐるシルクロード〜

王麒誠 著
本田朋子（日中翻訳学院）訳

異国情緒あふれるシルクロードの世界日本ではあまり知られていない新疆の魅力がぎっしり詰まった中国のベストセラーを全ページカラー印刷で初翻訳。

A5 判 182 頁並製　定価 980 円＋税
2015 年刊　ISBN 978-4-86185-179-7

なんでそうなるの？

—中国の若者は日本のここが理解できない

段躍中 編

第 11 回中国人の日本語作文コンクール上位入賞作を一挙掲載した本書には、一般の日本人にはあまり知られない中国の若者たちの等身大の姿や、ユニークな「生の声」がうかがい知れる力作がそろっている。

A5 判 272 頁 並製　定価 2000 円＋税
2015 年刊　ISBN 978-4-86185-208-4

必読！今、中国が面白い Vol.9

中国が解る 60 編

而立会 訳
三潴正道 監訳

『人民日報』掲載記事から多角的かつ客観的に「中国の今」を紹介する人気シリーズ第 9 弾！　多数のメディアに取り上げられ、毎年注目を集めている人気シリーズ

A5 判 338 頁 並製　定価 2600 円＋税
2015 年刊　ISBN 978-4-86185-187-2

春草

〜道なき道を歩み続ける中国女性の半生記〜

裘山山 著、于暁飛 監修
徳田好美・隅田和行 訳

2500 年前に老子が説いた教えにしたがい、肩の力を抜いて自然に生きる。難解な老子の哲学を分かりやすく解説し米国の名門カールトンカレッジで好評を博した名講義が書籍化！

四六判 448 頁 並製 定価 2300 円＋税
2015 年刊　ISBN 978-4-86185-181-0

同じ漢字で意味が違う

日本語と中国語の落し穴

用例で身につく「日中同字異義語 100」

久佐賀義光 著
王達 中国語監修

"同字異義語"を楽しく解説した人気コラムが書籍化！中国語学習者だけでなく一般の方にも。漢字への理解が深まり話題も豊富に。

四六判 252 頁 並製　定価 1900 円＋税
2015 年刊　ISBN 978-4-86185-177-3

日中中日翻訳必携　実戦編Ⅱ

武吉次朗 著

日中翻訳学院「武吉塾」の授業内容を凝縮した「実戦編」第二弾！
脱・翻訳調を目指す訳文のコツ、ワンランク上の訳文に仕上げるコツを全 36 回の課題と訳例・講評で学ぶ。

四六判 192 頁 並製　定価 1800 円＋税
2016 年刊　ISBN 978-4-86185-211-4

現代中国カルチャーマップ

百花繚乱の新時代

孟繁華 著
脇屋克仁 / 松井仁子 訳

悠久の歴史とポップカルチャーの洗礼、新旧入り混じる混沌の現代中国を文学・ドラマ・映画・ブームなど立体的によみとく 1 冊。

A5 判 256 頁 並製　定価 2800 円＋税
2015 年刊　ISBN 978-4-86185-201-5

好評既刊書籍

NHK特派員は見た
中国仰天ボツネタ&㊙ネタ

加藤青延 著

中国取材歴 30 年の現 NHK 解説委員・加藤青延が現地で仕入れながらもニュースにはできなかったとっておきのボツネタを厳選して執筆。

四六判 208 頁 並製 定価 1800 円+税
2014 年刊 ISBN 978-4-86185-174-2

「ことづくりの国」日本へ
そのための「喜怒哀楽」世界地図

関口知宏 著

鉄道の旅で知られる著者が、世界を旅してわかった日本の目指すべき指針とは「ことづくり」だった！「中国の『喜』」「韓国の『怒』」などそれぞれの国や人の特徴を知ることで、よりよい関係が構築できると解き明かす

四六判 248 頁 並製 定価 1600 円+税
2014 年刊 ISBN 978-4-86185-173-5

必読！今、中国が面白い Vol.8
中国が解る 60 編

而立会 訳
三潴正道 監訳

『人民日報』掲載記事から多角的かつ客観的に「中国の今」を紹介する人気シリーズ第 8 弾！ 多数のメディアに取り上げられ、毎年注目を集めている人気シリーズ

A5 判 338 頁 並製 定価 2600 円+税
2014 年刊 ISBN 978-4-86185-169-8

中国の"穴場"めぐり
ガイドブックに載っていない観光地

日本日中関係学会 編著

中国での滞在経験豊富なメンバーが、それら「穴場スポット」に関する情報を、地図と写真、コラムを交えて紹介する。

A5 判 160 頁 (フルカラー) 並製 定価 1500 円+税
2014 年刊 ISBN 978-4-86185-167-4

日本の「仕事の鬼」と中国の<酒鬼>

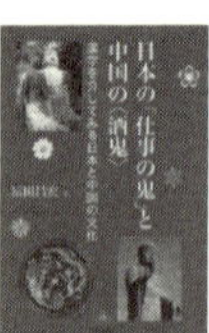

冨田昌宏 著

鄧小平訪日で通訳を務めたベテラン外交官の新著。ビジネスで、旅行で、宴会で、中国人もあっと言わせる漢字文化の知識を集中講義！

四六判 192 頁 並製 定価 1800 円+税
2014 年刊 ISBN 978-4-86185-165-0

大国の責任とは
～中国平和発展への道のり～

金燦栄 著
本田朋子（日中翻訳学院）訳

中国で国際関係学のトップに立つ著者が、ますます関心が高まる中国の国際責任について体系的かつ網羅的に解析。世界が注視する「大国責任」のあり方や、その政策の行方を知る有益な 1 冊．

四六判 312 頁 並製 定価 2500 円+税
2014 年刊 ISBN 978-4-86185-168-1

中日　対話か？　対抗か？
日本の「軍国主義化」と中国の「対日外交」を斬る

李東雷 著　笹川陽平 監修
牧野田亨 解説

「日本を軍国主義化する中国の政策は間違っている」。事実に基づき、客観的かつ公正な立場で中国の外交・教育を「失敗」と位置づけ、大きな議論を巻き起こした中国人民解放軍元中佐のブログ記事を書籍化。

四六判 160 頁 上製 定価 1500 円+税
2014 年刊 ISBN 978-4-86185-171-1

「御宅（オタク）」と呼ばれても
第十回中国人の日本語作文コンクール受賞作品集

段躍中 編

今年で第十回を迎えた「中国人の日本語作文コンクール」の入選作品集。日本のサブカルの"御宅 (オタク)"世代たちは「ACG（アニメ、コミック、ゲーム）と私」、「中国人と公共マナー」の 2 つのテーマについてどのように考えているのか？

A5 判 240 頁 並製 定価 2000 円+税
2014 年刊 ISBN 978-4-86185-182-7

豊子愷児童文学全集（全7巻）

少年美術故事（原書タイトル）

四六判 並製　1500円＋税
ISBN 978-4-86185-189-6

中学生小品（原書タイトル）

四六判 並製　1500円＋税
ISBN 978-4-86185-191-9

華瞻的日記（原書タイトル）

四六判 並製　1500円＋税
ISBN 978-4-86185-192-6

給我的孩子們（原書タイトル）

四六判 並製　1500円＋税
ISBN 978-4-86185-194-0

一角札の冒険

次から次へと人手に渡る「一角札」のボク。社会の裏側を旅してたどり着いた先は……。世界中で愛されている中国児童文学の名作。

四六判 並製　1500円＋税
ISBN 978-4-86185-190-2

2015年10月から順次刊行予定！

※既刊書以外は中国語版の表紙を表示しています。

少年音楽物語

家族を「ドレミ」に例えると？音楽に興味を持ち始めた少年のお話を通して音楽への思いを伝える。

四六判 並製　1500円＋税
ISBN 978-4-86185-193-3

博士と幽霊

霊など信じなかった博士が見た幽霊の正体とは？人間の心理描写を鋭く、ときにユーモラスに描く。

四六判 並製　1500円＋税
ISBN 978-4-86185-195-7

日本における新聞連載子ども漫画の戦前史

中国人民大学講師徐園博士著、竹内オサム・同志社大学大学院教授推薦。
二〇一三年一月刊行。A五判上製
三八四頁、定価7000円+税。

華人学術賞受賞作品

●中国の人口変動―人口経済学の視点から
第1回華人学術賞受賞　千葉大学経済学博士学位論文　北京・首都経済貿易大学助教授 李仲生著　本体 6800 円+税

●現代日本語における否定文の研究―中国語との対照比較を視野に入れて
第2回華人学術賞受賞　大東文化大学文学博士学位論文　王学群著　本体 8000 円+税

●日本華僑華人社会の変遷（第二版）
第2回華人学術賞受賞　廈門大学博士学位論文　朱慧玲著　本体 8800 円+税

●近代中国における物理学者集団の形成
第3回華人学術賞受賞　東京工業大学博士学位論文　清華大学助教授楊艦著　本体 14800 円+税

●日本流通企業の戦略的革新―創造的企業進化のメカニズム
第3回華人学術賞受賞　中央大学総合政策博士学位論文　陳海権著　本体 9500 円+税

●近代の闇を拓いた日中文学―有島武郎と魯迅を視座として
第4回華人学術賞受賞　大東文化大学文学博士学位論文　康鴻音著　本体 8800 円+税

●大川周明と近代中国―日中関係のあり方をめぐる認識と行動
第5回華人学術賞受賞　名古屋大学法学博士学位論文　呉懐中著　本体 6800 円+税

●早期毛沢東の教育思想と実践―その形成過程を中心に
第6回華人学術賞受賞　お茶の水大学博士学位論文　鄭萍著　本体 7800 円+税

●現代中国の人口移動とジェンダー―農村出稼ぎ女性に関する実証研究
第7回華人学術賞受賞　城西国際大学博士学位論文　陸小媛著　本体 5800 円+税

●中国の財政調整制度の新展開―「調和の取れた社会」に向けて
第8回華人学術賞受賞　慶應義塾大学博士学位論文　徐一睿著　本体 7800 円+税

●現代中国農村の高齢者と福祉―山東省日照市の農村調査を中心として
第9回華人学術賞受賞　神戸大学博士学位論文　劉燦著　本体 8800 円+税

●近代立憲主義の原理から見た現行中国憲法
第１０回華人学術賞受賞　早稲田大学博士学位論文　晏英著　本体 8800 円+税

●中国における医療保障制度の改革と再構築
第11回華人学術賞受賞　中央大学総合政策学博士学位論文　羅小娟著　本体 6800 円+税

●中国農村における包括的医療保障体系の構築
第12回華人学術賞受賞　大阪経済大学博士学位論文　王峥著　本体 6800 円+税

●日本における新聞連載 子ども漫画の戦前史
第14回華人学術賞受賞　同志社大学博士学位論文　徐園著　本体 7000 円+税

●中国都市部における中年期男女の夫婦関係に関する質的研究
第15回華人学術賞受賞　お茶の水大学大学博士学位論文　于建明著　本体 6800 円+税

●中国東南地域の民俗誌的研究
第16回華人学術賞受賞　神奈川大学博士学位論文　何彬著　本体 9800 円+税

●現代中国における農民出稼ぎと社会構造変動に関する研究
第17回華人学術賞受賞　神戸大学博士学位論文　江秋鳳著　本体 6800 円+税

華人学術賞応募作品随時受付！！